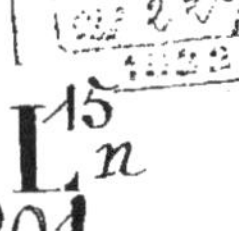

INSTITUTION DES CHARTREUX

LE MONUMENT AUX MORTS

ÉRIGÉ PAR LA

SOCIÉTÉ AMICALE DES ANCIENS ÉLÈVES

LYON

IMPRESSIONS DE M. AUDIN & CIE
RUE DAVOUT, 3

1922

LE MONUMENT AUX MORTS
DE
L'INSTITUTION DES CHARTREUX

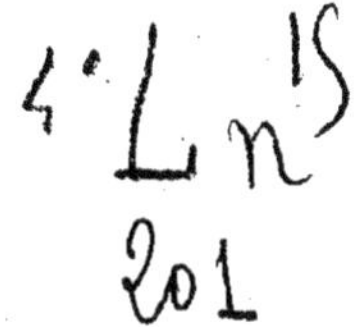

INSTITUTION DES CHARTREUX

LE

MONUMENT AUX MORTS

ÉRIGÉ PAR LA

SOCIÉTÉ AMICALE DES ANCIENS ÉLÈVES

✠

LYON

IMPRESSIONS DE M. AUDIN & CIE
RUE DAVOUT, 3

1922

LE MONUMENT AUX MORTS DE L'INSTITUTION DES CHARTREUX

Le dimanche 6 novembre 1921, le monument élevé à l'Institution des Chartreux aux professeurs et aux anciens élèves morts à la guerre de 1914 était inauguré.

Au voisinage des plaques de marbre noir qui conservent les noms de ceux qui sont morts pour la France en 1870, d'autres plaques ont été placées, sous la galerie de la cour d'honneur. Cent cinquante noms y sont inscrits : professeurs, anciens professeurs, anciens élèves tombés au champ d'honneur pendant cette dernière guerre.

Une frise sculptée relie ces plaques et donne à l'ensemble du monument, œuvre de M. Desplagnes, architecte, un caractère de grandeur très simple.

La cérémonie d'inauguration était présidée par Sa Grandeur Monseigneur Marnas, évêque de Clermont, et le général Debeney, commandant de l'Ecole supérieure de guerre, tous deux anciens élèves de l'Institution. Son Eminence le cardinal Maurin, archevêque de Lyon, avait bien voulu l'honorer de sa présence.

M. le chanoine Rivoyre, Supérieur de l'Institution, les recevait, entouré des professeurs auxquels s'étaient joints M. le docteur Vallas, président de la Société amicale des Anciens Elèves des Chartreux et le Conseil d'administration de cette Société.

M. Herriot, maire de Lyon, le général Lebrun, gouverneur militaire de Lyon, MM. Gourd et Regaud, députés du Rhône, M. Edouard Néron, député de la Haute-Loire, étaient également présents.

M. le préfet du Rhône, M. le recteur de l'Académie de Lyon, Monseigneur Lavallée, recteur des Facultés catholiques de Lyon, s'étaient fait excuser.

Les familles des anciens élèves morts à la guerre étaient venues nombreuses et des places leur avaient été réservées à la chapelle et pour l'inauguration du monument commémoratif.

Les anciens élèves enfin, en grand nombre, certains venus de loin, avaient tenu à assister à cette cérémonie. D'autres, retenus, n'avaient pu, à leur regret, que se faire excuser.

La grand'messe à la chapelle fut célébrée par M. le chanoine Faure, supérieur des Missionnaires diocésains de la Maison des Chartreux. Deux des plus anciens professeurs de l'Institution l'assistaient.

La maîtrise de l'Institution se fit entendre avec sa perfection habituelle.

Sa Grandeur Monseigneur Marnas, évêque de Clermont, donna l'absoute et, à l'issue de la messe, prononça l'allocution suivante :

Allocution de Sa Grandeur Monseigneur MARNAS

ÉVÊQUE DE CLERMONT

Beati mortui, qui in Domino moriuntur.

Nous lisons en saint Jean, au chapitre XIVe de l'Apocalypse : « J'entendis une voix venant du ciel qui disait : « Ecris : heureux dès maintenant les morts qui meurent dans le Seigneur !.. ». Oui, dit l'Esprit, qu'ils se reposent de leurs travaux, car leurs œuvres les suivent ».

Eminence,
Messieurs,

Sont-ils du nombre de ces heureux ceux dont nous portons le deuil et dont le souvenir nous rassemble à cette heure ! Les cent cinquante anciens élèves de cette Institution que l'impitoyable mort a fauchés, les uns à la fleur de l'âge, les autres pères de famille, ces soldats, ces héros dont le sacrifice nous a sauvés et nous a valu la victoire, sont-ils morts dans le Seigneur ? Ont-ils, au seuil de l'Eternité, entendu cette voix de l'Esprit-Saint : « Qu'ils se reposent de leurs travaux, car leurs œuvres les suivent » ?

Telle est la question que nous nous posons en face de l'abîme qui maintenant nous sépare d'eux. Par de là les frontières de ce monde, notre regard les cherche anxieux. Ils nous sont chers et notre affection ne peut admettre que le mystère qui les enveloppe soit impénétrable. Qui donc de ce mystère dissipera l'obscurité ? Qui en fera jaillir un rayon de lumière ?

Ce rayon de lumière, c'est notre foi dans le Christ qui le fait luire, et combien radieux, à nos âmes de catholiques.

Plus haut que les hécatombes de la terrible guerre, plus haut que la terre funèbre, elle nous montre, étendant dans le ciel ses bras ensanglantés, une croix. C'est la croix sur laquelle a voulu mourir l'auteur de la vie. Et tandis que nous la contemplons en songeant aux souffrances et au trépas de l'Homme-Dieu, voici que les strophes chantées par l'Eglise au matin joyeux de Pâques résonnent comme un hymne de triomphe en notre mémoire :

Le mort et la vie se sont combattues
Dans un étrange duel ;
Le maître de la vie est mort
Et il règne vivant.

Il convenait, nous explique saint Paul, qu'avant de s'asseoir à la droite de son Père, le Christ eut terrassé tous ses ennemis : le démon, le péché par qui la mort est entrée dans le monde et la mort elle-même, *Novissima autem inimica destructur mors.* Aussi dans le combat singulier que lui livre ce dernier adversaire, la mort, est-ce en vain qu'elle l'accable de ses coups, le cloue au gibet, le frappe en plein cœur et le couche au tombeau ! De ce tombeau, la pierre est à peine scellée qu'il en sort et qu'aux femmes accourues avec des parfums pour l'ensevelir, les anges disent : « Pourquoi cherchez-vous parmi les morts Celui qui est vivant? ». La vie a pour toujours vaincu la mort :

Dux vitae mortuus
Regnat vivus!

Or, le Christ n'a pas triomphé de la mort pour Lui seul, mais pour tous ceux que son sang a rachetés et qui doivent lui être configurés dans la gloire. Suivant la belle comparaison de l'Apôtre, Il est « les Prémices d'entre les morts » — *Primitiæ dormientium* — et la terre est l'immense champ où dorment leurs corps, semblables à des semences destinées à produire une splendide moisson. La première gerbe coupée et offerte à Dieu avant le temps de la récolte générale, c'est le Christ, prémices de l'humanité régénérée. En lui toute la moisson des êtres est contenue et bénie. Sa résurrection est l'annonce de celle de tous les justes ; elle en est le gage. Ils peuvent donc eux aussi jeter à la mort ce défi : *O mors, ubi est victoria tua?*, « O mort, où est ta victoire? ».

Adam coupable s'était vu dépouiller pour lui et pour sa postérité du privilège de l'immortalité. Mais voici venir du Ciel un nouvel Adam. Le Verbe Lui-même revêt notre nature, il s'incarne et par son immolation sur le Calvaire, il paye à la Justice divine la dette de nos iniquités. Et nous, insolvables, nous rentrons en possession de tous les biens perdus. Lavés, purifiés par le sang du Rédempteur, nous recouvrons l'amitié de Dieu ; nous redevenons ses fils et de nouveau Il nous donne part à sa vie. Cette vie surnaturelle qui, dans l'Eden, à l'aube de sa création, fut celle du chef de notre race, se répand dans les âmes par le baptême et les autres sacrements, canaux mystérieux de la grâce. Elle les élève, les sanctifie, en attendant qu'après la courte épreuve du temps elle ait en elle son plein épanouissement dans le ciel.

Voilà quelle lumière notre foi verse en nos esprits, de quelle consolation elle abreuve nos cœurs, quelles magnifiques espérances elle nous découvre : par de là l'affreuse mort, salaire du péché, c'est la vie, la vie éternelle, et c'est aussi la résurrection de la chair!

Oui, nous croyons aux promesses du Fils de Dieu, qui, par amour pour nous, s'est fait le Fils de l'homme. Nous croyons qu'au royaume de son père Il nous a préparé une demeure ; nous croyons qu'en ce royaume les justes resplendissent comme des soleils et que leurs âmes tranformées en leur essence même par la lumière de la gloire divine contemplent face à face le Très-Haut, et que la vision de sa beauté les enivre d'un intarissable bonheur. Nous croyons que les anges et les saints forment la plus harmonieuse, la plus délectable, la plus parfaite des sociétés. Nous croyons qu'à la fin des siècles nos corps surgiront de leurs tombes et que leur chair spiritualisée, angélisée suivant le mot de Tertullien, tressaillira elle aussi d'allégresse et de vie ; que ce qui fut corruptible deviendra incorruptible, que ce qui fut mortel se revêtira d'immortalité. En un mot, nous croyons au ciel, que nous a mérité le Sauveur, à l'éternité de sa félicité et de sa paix. Nous croyons à cette voix d'en haut qui disait à saint Jean, dans l'île de Pathmos : « Ecris : Heureux *dès maintenant* les morts qui meurent dans le Seigneur ».

Je vous entends me dire : « Telle est bien notre foi, et nous serions pleinement rassurés sur le sort de ceux qui nous ont quittés si nous avions la certitude qu'ils sont morts dans l'amitié de Dieu. Mais comment n'être pas saisis d'effroi en lisant dans la Sainte Ecriture des paroles comme celles-ci : *Horrendum est incidere in manus Dei viventis*!, « Il est terrible pour le pécheur de tomber entre les mains du Dieu vivant ». « Rien de souillé n'entrera dans le royaume des cieux! ». Pensez-vous donc qu'elles ne se composassent que de saints ces multitudes d'hommes tombés sur les champs de bataille? Parmi ces soldats si vaillants en face de l'ennemi combien, sans doute, qui, captifs de leurs passions, n'avaient pas eu la force d'en rompre les chaînes! Combien qui avaient oublié le Dieu de leur enfance, qui, fascinés par l'orgueil ou séduits par la volupté, s'étaient depuis longtemps écartés du droit chemin.

Ceux-là, que sont-ils devenus? Vivent-ils maintenant de la vie du Christ? Sont-il avec lui, heureux à jamais?

Je vous réponds : « Il faudrait n'être pas homme pour s'étonner des faiblesses de l'homme; il faudrait surtout ne pas être prêtre pour douter de la pitié miséricordieuse que ces faiblesses inspirent à Dieu, pour ignorer enfin qu'un seul acte de volonté peut suffire à racheter en un instant toute une vie coupable ».

Or l'homme qui meurt pour ses concitoyens, pour cette famille élargie qu'est la patrie, pour ses foyers, pour ses autels, quel acte accomplit-il? N'est-ce pas, je vous le demande, un acte de charité, et le plus grand qui soit en son pouvoir? Notre Seigneur Jésus-Christ l'a dit : « Personne ne peut donner une plus grande preuve d'amour que de mourir pour ceux qu'il aime ». Et si de cette parole du maître vous rapprochez cette autre : « Mon commandement est que vous vous aimiez les uns les autres, comme je vous ai aimés », est-ce que celui qui aime ses frères au point de mourir pour eux n'est pas un parfait observateur du commandement divin? Qui plus que lui est semblable au Sauveur dans son suprême sacrifice d'amour?

Et le Dieu de charité n'agréerait pas l'immolation que nos soldats ont faite de leur vie pour le salut de tout un peuple, pour le salut de la France!

Il nous aurait promis de considérer comme fait à Lui-même ce que nous ferions au plus petit des siens et de ne pas laisser sans récompense un verre d'eau donné en son nom, et le sanglant holocauste de tant de milliers d'hommes le laisserait insensible et ne lui ferait pas oublier des égarements ou des défaillances d'un jour! Mais à qui réserverait-il donc ses miséricordes? Lui qui, dans l'Evangile, s'est peint sous les traits si touchants du Père de l'Enfant Prodigue, à qui donc ouvrirait-il et ses bras et son cœur? Au larron qui, dans un éclair de vérité, avait rendu hommage à son innocence, Il a dit avant d'expirer : « Aujourd'hui même tu seras avec moi dans le Paradis », et aux soldats tombés pour la cause sacrée de la justice, Il n'ouvrirait pas toutes grandes les portes de son Ciel? Lui qui ne veut pas que le pécheur périsse et qui lui crie dans l'Ecriture : « Quand tes fautes seraient plus rouges que l'écarlate, je puis te rendre plus blanc que la neige! ». Il ne revêtirait pas d'une gloire immortelle tant d'obscurs héros?

Cela, est-ce possible?

Je le sais, le prêtre n'a pu se pencher sur chacun d'eux pour recueillir avec leur dernier soupir leur suprême pensée ; il n'a pu ni approcher de leurs lèvres l'image de leur Dieu crucifié, ni élever au-dessus de leur tête sa main pour les absoudre. Mais le prêtre invisible, le Maître des âmes était à leurs côtés. Et ce qu'il faisait, vous le devinez! Il frappait une dernière fois à la porte de leur cœur, il y faisait pénétrer sa divine lumière, il les enveloppait comme une mère d'un regard de tendresse. Peut-être au pauvre blessé se montrait-il pantelant sur sa croix de douleur! Et ces mourants lui répondaient par le mot qui sauve : « Moi aussi, Seigneur, je crois en vous et je vous aime ».

Que si par quelques-uns ce mot ne fut pas prononcé, que si la justice de Dieu ne put toujours se déclarer pleinement satisfaite, oublions-nous qu'il existe pour les âmes pécheresses un lieu d'expiation, le Purgatoire, et qu'il n'y aura de définitivement perdus que les ennemis irréconciliables de Dieu, ceux dont son amour n'aura pu vaincre l'incompréhensible obstination.

Le Purgatoire, dogme consolant! L'Eglise nous donne cette certitude que par nos prières, nos pénitences et nos bonnes œuvres, nous pouvons hâter la délivrance de ceux de nos frères qui, dans ce vestibule du Ciel, achèvent de se purifier. C'est cette pensée qui nous a fait nous donner aujourd'hui rendez-vous dans cette chapelle. Prions donc pour nos chers morts.

Rappelons au Dieu du Tabernacle, qu'ici même en leur jeune âge, ils se sont agenouillés pieux et purs devant Lui, qu'ils ont chanté ses louanges et qu'au banquet eucharistique ils se sont avec ferveur et souvent nourris de sa chair sacrée.

Rappelons-lui qu'ils n'avaient pas reçu en vain les leçons et les exemples de ces prêtres, leurs maîtres, dont toute la vie s'était consacrée à faire d'eux des hommes et des chrétiens.

Rappelons-lui tout ce que leurs familles et la société étaient en droit d'attendre d'une si excellente formation, quelle heureuse influence ils étaient destinés à exercer dans le monde, et l'immense sacrifice que représentent tant d'espérances brisées.

Rappelons-lui de quel cœur généreux, au premier coup de tocsin, ils volèrent au secours de la patrie et de la civilisation menacées.

Rappelons-lui leurs longues souffrances dans les tranchées et dans les vagues d'assaut leurs poitrines transpercées par les balles, leurs corps mis en lambeaux par les éclats d'obus. Rappelons-lui ceux que les flots engloutirent, ceux qui, tombant enflammés du ciel, comme des météores, vinrent s'écraser sur le sol, et ceux qui, rongés par la fièvre paludéenne ou la tuberculose, s'éteignirent dans les ambulances de l'arrière ou plus douloureusement encore dans les geôles allemandes.

Rappelons-lui nos mutilés, nos veuves, nos orphelins, et disons-lui que tant de larmes et tant de sang versés pour une cause juste, pour sa cause, doivent compter à ses yeux.

Et dans le silence de nos âmes recueillies, nous entendrons l'Esprit-Saint nous répondre :

« Heureux sont ceux que vous pleurez ! car ils sont morts dans le Seigneur ! Leurs œuvres les ont suivis jusqu'à son trône et maintenant ils se reposent de leurs rudes travaux. Ils vivent au séjour de l'éternelle paix, de l'éternelle félicité, de l'éternelle gloire. Ils ne regrettent point le sacrifice qu'ils ont fait de leur existence terrestre, car ils ont quitté l'océan orageux pour le port. Voyez-les s'incliner vers vous : ils vous indiquent le chemin qui vous conduira jusqu'à eux, jusqu'au rivage de la vraie patrie. Ils vous parlent. Ecoutez : « O nos amis, nos frères ! Marchez sur les pas de celui qui a dit aux hommes : je suis la voie, la vérité, la vie. Soyez-lui fidèles ; soyez dociles à son Eglise. Vous avez reçu d'eux d'innombrables bienfaits. N'oubliez jamais les enseignements qui vous ont été donnés au pied de ces autels, n'abjurez pas les serments que vous y avez prononcés. Que par vous la France, terre de prédilection du Christ et de sa Mère, continue au milieu des peuples sa providentielle mission ! Qu'elle reste l'apôtre de la vérité, de la justice et de la charité. Fondez des familles chrétiennes. Au sein d'une société oublieuse, légère, affamée de plaisirs, restez des vaillants, des forts. Ne pactisez pas avec l'ennemi. Opposez-vous comme une barrière aux flots destructeurs de l'impiété et de la corruption des mœurs. Combattez le bon combat et vous recevrez à votre tour la couronne des vainqueurs. Ne travaillez pas pour le temps mais pour l'éternité. Courage, vos œuvres bonnes vous suivront. Le passage de l'homme sur la terre est court ».

Oui, bien court, en effet. Nos jours, disait Job, passent comme l'ombre, *Sicut umbra dies nostri !*

Où êtes-vous, années heureuses de mon adolescence ? Se peut-il qu'un demi-siècle me sépare de l'instant où je suis entré ici pour la première fois comme élève ! Je cherche du regard dans ces stalles mes anciens maîtres. Tous ont disparu à l'exception d'un seul, dernier témoin d'un âge qui n'est plus. Où sont-ils ? Ils sont là-haut, près de nos morts glorieux, et ce nous est un devoir en ce jour d'élever vers eux nos âmes reconnaissantes.

Nous n'avons pas à leur demander de veiller sur cette maison qui leur est toujours chère. Promettons leur du moins de rester attachés à leur œuvre, dont mieux que personne nous sommes à même d'apprécier l'importance, de ne pas nous contenter de l'entourer de nos sympathies, mais de nous employer dans la mesure de nos moyens à la rendre prospère.

Le vœu de l'abbé Hyvrier, qui reste celui des héritiers de sa pensée, était que cette Institution fut une pépinière de dirigeants. Ayons à cœur de le voir se réaliser de plus en plus dans l'avenir comme déjà il l'a été dans le passé, pour le plus grand honneur du prêtre éminent qui fonda les Chartreux.

Puissent de nombreuses générations d'enfants et de jeunes gens se succéder dans cette maison d'éducation et sous les ogives si harmonieuses de ce sanctuaire faire l'apprentissage d'une vie vraiment chrétienne, seule capable de produire des chefs dignes de ce nom.

Et puissent-ils se transmettre comme une consigne la devise inscrite aux cœurs de leurs aînés, devise qui est un hommage à la Reine du Ciel et à son Divin Fils, *Dominare nostri Tu et Filius tuus, Amen.*

Le cortège se rendait ensuite dans la cour d'honneur. Un appel était fait des noms de ceux qui étaient tombés à l'ennemi. Les élèves de l'Institution chantaient une cantate aux morts. Monseigneur Marnas bénissait le monument commémoratif.

Puis les discours suivants ont été prononcés :

Allocution de M. le Docteur VALLAS

PRÉSIDENT DE LA SOCIÉTÉ AMICALE DES ANCIENS ÉLÈVES DES CHARTREUX

Messieurs,

Les anciens élèves des Chartreux, en me mettant à la tête de leur société amicale, m'imposent aujourd'hui le devoir de prendre la parole en leur nom. C'est un honneur dont je sens tout le prix, mais c'est un honneur redoutable. Comment oser élever la voix devant une assemblée qui me trouble et m'émeut par le nombre et la qualité de ceux qui la composent et au pied de ce portique funèbre dont la majesté est véritablement écrasante par les souvenirs qu'il évoque et par le haut enseignement qu'il comporte ?

L'éclat de cette solennité est d'ailleurs singulièrement rehaussé par la présence des personnages considérables et importants auxquels nous avons fait appel.

C'est d'abord M. le général Debeney, qui a bien voulu accepter la présidence de cette fête. Nous sentons tout le prix de la collaboration qu'il nous a apportée.

Son Eminence le cardinal archevêque de Lyon, Sa Grandeur Monseigneur Marnas, nous ont fait aussi l'honneur de venir assister à cette assemblée. Grâce à eux, l'émouvante cérémonie de ce matin dans la magnifique chapelle de cet établissement, où la présence de ces hauts dignitaires de l'Eglise s'alliait à la magnificence et aux pompes les plus belles du culte catholique, a revêtu un caractère de grandeur et de solennité vraiment digne de la mémoire de ceux que nous célébrons aujourd'hui.

Enfin Monsieur le Maire de Lyon, bien que retenu par des obligations multiples, a pu distraire quelques instants de sa journée pour venir nous apporter un témoignage précieux d'estime et de sympathie. Je lui en suis tout particulièrement reconnaissant. Sa présence ici donne à cette solennité son véritable caractère, en montrant que ce n'est pas une simple fête d'anciens amis de collège, mais une réunion de bons Français dont tous les cœurs vibrent à l'unisson pour célébrer la mémoire de ceux qui se sont dévoués pour tous.

Nous pouvons nous rendre cette justice que, dans toutes nos réunions, depuis la fin de la guerre, jamais nous n'avons cessé de penser à eux et d'évoquer leur mémoire. Mais nous sentions bien qu'il fallait quelque chose de plus solide que les paroles et les discours, et que le marbre et l'airain convenaient seuls à une pareille consécration.

Grâce à Monsieur le Supérieur des Chartreux, qui nous a donné l'hospitalité de sa maison, notre vœu peut être aujourd'hui réalisé. Et je suis heureux, au nom de la Société amicale des Anciens Élèves, de lui offrir et de confier à sa garde, à celle des maîtres et des élèves de cette Institution, ces plaques de marbre où sont gravés les noms de plus de 150 camarades tués à l'ennemi.

Oui, elles sont bien à leur place, ici, sous les arcades de ce vieux cloître, dans le cadre de ces lieux dont l'aspect immuable et toujours identique à lui-même est le symbole de la perennité du souvenir que nous leur devons. Elles sont d'autant mieux à leur place ici que c'est vraiment le berceau de la formation intellectuelle et morale de ceux dont elles consacrent le souvenir. Il leur a fallu une trempe d'acier pour affronter et supporter les épreuves auxquelles ils étaient destinés. S'ils ont été égaux à leur tâche, c'est qu'ils avaient puisé ici tous les éléments de la culture classique qui, ainsi qu'on vous le disait ce matin, devait faire d'eux des chefs ; voyez, parmi eux, presque tous sont des officiers. Et leur caractère avait été modelé par les préceptes de cette morale chrétienne qui enseigne l'abnégation totale même jusqu'au sacrifice de la vie. C'est pourquoi, lorsque le tocsin de 1914 a résonné, ils étaient prêts, et nous les avons vus alors partir en glorieuse phalange. Nous les avons suivis sur tous les champs de bataille, depuis les plaines marécageuses de l'Yser et de la Somme jusqu'aux cols boisés des Vosges, depuis les collines infernales de Verdun jusqu'aux déserts arides de l'Orient où l'un de nos camarades est encore tombé, il y a quelques mois à peine. Nous les avons vus semer leurs corps partout pour la défense de leur pays et partout ils se sont montrés dignes d'eux et de nous.

Mais quand j'évoque ces immortels souvenirs, je sens un autre sentiment s'élever en mon âme. Ce ne sont pas seulement des héros et des martyrs : ces soldats qui sont tombés sont aussi des vainqueurs, et c'est pourquoi il ne faut pas trop gémir sur leurs tombes. La cérémonie magnifique de ce matin répondait bien à ce sentiment. Ce n'étaient pas des couleurs funèbres qui ornaient la chapelle, c'étaient des drapeaux tricolores ; ce n'étaient pas des *De Profundis* qu'on entendait lorsque les chants retentissaient sous les voûtes, c'étaient des *Te Deum* de victoire.

Ne pleurez pas, chantait le coryphée de la tragédie grecque, ne pleurez pas sur les cendres des héros tombés le glaive à la main. Il ne faut pas jeter sur leurs tombes les pâles fleurs des tombeaux.

Cueillez tous les lauriers dans les champs d'alentour,
Vos fils sont morts pour la Patrie.

(Applaudissements).

Mon Général,

Vous avez été un des grands chefs de la guerre et vous avez guidé les pas de vos anciens camarades. Nous savons tous qu'au mois d'août 1918 vous avez commandé sur les bords de l'Avre l'offensive qui a définitivement fait plier le genou à l'Allemand et — nous l'avons appris depuis —

lui a arraché l'aveu de sa défaite. Je vous dédie le souvenir de nos morts et vous prie d'accepter ici non seulement l'hommage d'un ancien camarade, mais la reconnaissance d'un Français, dont le cœur a battu orgueilleusement au clairon de votre victoire *(Applaudissements)*.

Je vois à côté de vous M. le Gouverneur de Lyon. Sa présence ne m'étonne pas dans cette solennité destinée à glorifier des soldats ; mais l'empressement qu'il a mis à répondre à notre invitation montre bien qu'il n'est pas un étranger parmi nous et qu'il sait être fidèle aux traditions de la vieille cité lyonnaise qu'il connait depuis longtemps : elle lui en sera profondément reconnaissante *(Applaudissements)*.

Autour de moi, cependant, j'aperçois des voiles de deuil. C'est qu'en effet il y a ici des pères, des mères, des filles, des épouses. Cette guerre fut si atroce qu'elle a endeuillé toutes les familles françaises et que peu d'entre elles ont pu échapper.

Qui dira les souffrances qu'elles ont dû endurer pendant ces quatre mortelles années, les inquiétudes de tous les jours, les attentes anxieuses et angoissées, interrompues parfois par de brèves nouvelles, mais trop souvent, hélas, closes par le silence absolu et définitif de la mort ? Oui, cette guerre a bien été la grande pitié des femmes françaises, et tous les maux ont été soufferts. Il faudrait une main plus douce que la mienne pour caresser leur douleur et des paroles presque divines pour endormir leur chagrin. Je ne puis que m'incliner bien bas devant elles en leur disant merci et en espérant cependant que la cérémonie de ce jour sera pour elles un réconfort et apportera quelque allégeance à des douleurs qui ne peuvent pas être consolées.

Il me semble encore que ma voix, en résonnant sous ces voûtes, éveille un écho plus lointain. Lorsque j'ai franchi pour la première fois les portes de ce collège, c'était au lendemain des jours sombres de 70 et nos maîtres nous montraient déjà le coin endeuillé de la carte de France. Mais déjà aussi, les anciens maîtres qui avaient fondé cette Institution, avaient écrit sur des plaques de marbre, que vous voyez ici, les noms de nos anciens camarades qui, dans ces jours tristes, étaient allés défendre leur pays. Ils n'ont pas eu, ceux-là, en tombant sur le champ de bataille, l'ivresse des combats victorieux. Il leur a fallu toute l'abnégation du sacrifice pour défendre un sol qui disparaissait tous les jours devant eux. Mais l'heure de la réparation a cependant sonné pour eux, et nous avons associé leurs noms à ceux de 1918. Ils doivent aussi être à l'honneur, ceux qui jadis ont souffert sans espoir. Ils peuvent dormir en paix, puisque leurs fils les ont définitivement vengés et ont lavé l'insulte que la fortune injuste avait faite à leur courage *(Applaudissements)*.

Ainsi les pères avaient sauvé l'honneur, les fils ont conquis la gloire. C'est aux enfants de leurs enfants maintenant qu'il appartient de relever le flambeau de la vie et, comme les coureurs antiques, de parcourir à leur tour la carrière.

J'espère que les hécatombes meurtrières de 1914 leur seront évitées ; car se serait à désespérer du progrès de l'humanité, s'il ne faisait disparaître à jamais ces tueries qui ont ensanglanté ce dernier demi-siècle.

Mais ils auront d'autres devoirs moins violents, mais aussi difficiles à remplir. Ils ont maintenant une lignée d'ancêtres, car ces plaques de marbre sont les titres de noblesse de cette maison. Noblesse oblige. Ils doivent se montrer dignes des morts, ils doivent se montrer dignes de tous ceux qui se dévouent dans cette Institution à la formation de leur caractère, de leur intelligence. Que ces plaques, qui seront à chaque instant sous leurs yeux, aient toujours pour eux cette signification : Honorez le passé ; Glorifiez le présent ; Ayez foi dans l'avenir *(Applaudissements)*.

Allocution de M. le Chanoine RIVOYRE

SUPÉRIEUR DE L'INSTITUTION DES CHARTREUX

Monsieur le Président de la Société amicale,

Au nom de l'Institution des Chartreux, j'accepte le don que lui fait votre Société, des plaques commémoratives où sont inscrits les noms des cent quarante-sept anciens élèves morts au champ d'honneur pendant la grande guerre.

Nous sommes vivement reconnaissants à la Société amicale de sa générosité. Cette œuvre due au talent d'un architecte de mérite, l'un des vôtres, a été comprise et exécutée avec un goût et un art remarquables qui lui ont valu tous les suffrages.

Votre Société, monsieur le Président, a fait là un très beau geste qui, en honorant nos morts, vos camarades, marque une fois de plus son attachement filial à notre maison. Nous vous prions de lui offrir notre plus cordial merci.

Les noms glorieux écrits sur les belles plaques qui viennent d'être bénites ne sauraient faire oublier ceux des morts de 1870. Ils apparaissent sur leur marbre noir comme l'avant-garde de nos morts d'hier. Nous ne pouvions séparer les uns des autres dans notre souvenir.

Eminence,

Jusqu'au dernier moment, nous n'avions pas osé espérer qu'il vous fût possible de nous apporter vous-même le témoignage de votre paternelle bienveillance.

Malgré la fatigue d'un tout récent voyage à Rome, vous avez voulu venir parmi nous en ce jour ; je ne saurais vous dire assez combien cette preuve de votre affection nous va au cœur. Vous nous en avez donné bien souvent des marques, mais aujourd'hui elles empruntent à cette solennité une signification plus haute qui nous touche et nous encourage plus encore qu'en toute autre circonstance. Soyez-en très respectueusement remercié.

Messieurs les représentants du Département et de la Ville de Lyon,

C'est pour nous un honneur que nous apprécions hautement que votre présence à cette fête de famille. Cet hommage rendu par vous à nos enfants morts pour la France nous est précieux.

A de vaillants soldats victimes du devoir, vous avez voulu, monsieur le Gouverneur, aux premiers jours de votre prise de possession du gouvernement militaire de Lyon, venir aussi apporter votre sympathie. Croyez que nous en sommes touchés profondément et daignez agréer l'expression de notre gratitude.

Vous me permettrez, Monseigneur, et vous, monsieur le général commandant de l'Ecole supérieure de guerre, de vous réunir dans les sentiments que nous inspire l'empressement avec lequel vous avez bien voulu répondre à notre invitation et venir, malgré les graves soucis et les multiples occupations de votre charge, présider l'un et l'autre notre belle et touchante cérémonie.

Dans cette maison, fière de vous compter parmi ses anciens élèves, on n'a d'autre ambition que de former des hommes instruits, mais avant tout des hommes de caractère, des chrétiens et des Français sans peur et sans reproche. Vous venez aujourd'hui honorer la mémoire de ceux qui ont accompli leur devoir tout entier au prix de leur vie et vous partagez notre légitime orgueil, comme aussi notre tristesse.

Vous avez, Monseigneur, soit dans le monde, soit dans l'Eglise, où vous avez été élevé à une éminente dignité, montré avec quelle intelligence, quelle énergie et quel dévouement nos enfants peuvent mettre en pleine valeur les leçons du collège chrétien. Un nom gravé sur ces pierres nous dit que vous avez l'honneur de pleurer un frère, vaillant officier, l'un des premiers et des plus héroïquement tombés sur le champ de bataille au début de la guerre. Il vous appartenait bien de les bénir tous.

A vous, mon général, revenait d'apporter l'hommage de l'armée française à nos enfants. Beaucoup d'entre eux ont servi dans les corps que vous commandiez et souvent j'ai pu lire votre signature au bas de leurs citations.

Rien de plus glorieux pour votre famille et pour ceux qui ont pu contribuer à votre éducation, que la magnifique carrière que vous avez parcourue. Dès 1909 vous êtes appelé à de hautes fonctions. Puis en 1914 la guerre vous prit tout entier. Chaque année vous vit élever à un nouveau grade consacrant votre mérite. Commandant du 38e corps, puis de la 7e armée, major-général des armées, la croix de grand-officier vous était donnée après votre belle défense d'Amiens, à la suite de laquelle vous repreniez Montdidier et portiez vos lignes jusque sur la Somme. On était au mois d'août 1918. Vos efforts, vos succès poursuivaient l'ennemi. Ham, Mesles, Chaulnes, La Fère, Saint-Quentin, l'enlèvement de la ligne Hindenbourg furent autant d'étapes vers la victoire et la paix, dont vous fûtes l'un des meilleurs et des plus grands ouvriers, chef aimé et honoré de toute l'armée.

Nous lisons sur la frise qui couronne nos plaques une inscription éloquente dans sa concision lapidaire, qui en cinq mots résume nos pensées et nos sentiments, mettant en beau relief le caractère, l'œuvre, la destinée de nos chers morts.

Que furent-ils ? Des braves.

Qu'ont-ils fait ? Ils sont tombés pour la Patrie.

Que sont-ils devenus ? Ils ont été couronnés par Dieu dans la gloire.

Ce qu'ils ont fait ? Entreprendre de le décrire serait vouloir faire l'histoire de la grande guerre, parcourir à la suite des bataillons les cols des Vosges, les monts et les vallées d'Alsace, les plaines de la Marne et de la Champagne, les marais de la Somme, l'enfer de Verdun, nommer tous les champs de bataille, énumérer tous les combats, car tous ici ou là, pendant cinq ans, ils ont été en danger, exposés au feu, enfouis dans les tranchées, lancés dans les attaques. Tous ils ont combattu, tous ils ont souffert. Les uns étaient foudroyés par la mitraille, d'autres mouraient de leurs blessures sur le terrain, au poste de secours ou sur le brancard qui les y portait, ou sur le lit d'ambulance ; d'autres, atteints par la maladie, affaiblis, épuisés par les privations et les rigueurs de terribles hivers.

Tout ce que les soldats de France ont enduré, les nôtres l'ont enduré, tout ce que les soldats de France ont donné de bravoure, les nôtres l'ont donné, tout ce que les soldats de France ont montré d'abnégation, les nôtres l'ont montré, tout ce que les soldats de France ont fait, les nôtres, et beaucoup plus et mieux que d'autres, officiers ou simples soldats, dans le commandement ou dans le rang, ils l'ont fait, nos enfants des Chartreux, soldats de la France. Et pour la Patrie, les forts sont tombés.

Que sont-ils devenus ? Sont-ils pour jamais disparus ? Ne reste-t-il d'eux que la poussière de leurs ossements et leur souvenir dans nos cœurs ?

Notre foi et notre espérance ne nous permettent pas de le penser et nous ordonnent de croire qu'ils sont vivants, quoique invisibles à nos yeux de chair. Dieu les a bien accueillis, soyons-en certains. Ils nous voient réunis pour rappeler leur sacrifice, leur témoigner notre admiration et notre reconnaissance.

Il y a un instant, dans notre chapelle, nous avons tous uni nos prières pendant le Saint-Sacrifice, portant dans nos cœurs nos chers disparus. Notre tristesse est mêlée d'un sentiment de joie austère à la vue de cette belle et touchante cérémonie, car elle est à leur honneur et témoigne des regrets profonds qu'ils ont laissés, de l'admiration et de la gratitude qui leur sont dues. Oui, la vieille maison a pris un air de fête, elle s'est parée des emblèmes de la Patrie comme pour sourire à travers ses larmes à ses enfants bien-aimés dont le sacrifice douloureux est pour elle plein des espoirs de l'avenir.

Vous êtes ici, parents, amis de nos morts, émus et fiers. Pères, mères, vous les aviez confiés à nos soins, vous nous demandiez de faire d'eux des chrétiens et de vrais Français. Ces plaques proclament que nos efforts n'ont pas été vains et qu'ils ont appris la science qui domine toutes les autres, la science du Devoir.

Les larmes qui coulaient de vos yeux au moment où ils s'arrachaient de vos bras pour répondre à l'appel de la France, disaient le déchirement de vos cœurs, la terreur inspirée par les périls qu'ils allaient affronter. Eux aussi étaient troublés jusqu'au plus profond de leur âme, en cette heure solennelle et angoissante. Pourtant, ni eux ni vous n'hésitiez. Vous donniez ce que vous aviez de plus cher comme ils se donnaient. Et vos craintes se sont réalisées, un jour vous avez appris que leur sacrifice était consommé, et unissant votre sacrifice au leur, vous disiez à Dieu : que votre volonté soit faite, et vous pouviez dire à la France : comme nos fils, nous avons accompli notre devoir envers toi ! Et la paix peu à peu se faisait dans vos cœurs endoloris.

A vous, chers anciens, à vous maîtres de cette maison, prêtres soldats, que la guerre a épargnés, compagnons et témoins de nos morts dans la lutte sanglante et la souffrance, votre place est bien ici. Un grand nombre d'entre vous portent les marques de leurs blessures, des décorations signe de leur valeur. Vous mieux que tous autres pouvez estimer à son prix ce qu'ils ont fait, ceux qui tombèrent à vos côtés. A vous comme à eux la France doit son salut.

Je ne dois pas omettre, élèves d'aujourd'hui, de vous signaler la leçon de nos morts. Ils sont vos maîtres.

Ils vous demandent de continuer plus tard l'œuvre commencée sur les champs de bataille, de cultiver la vertu des sacrifices consentis, de forger votre caractère, de tremper l'énergie de votre volonté afin que puisse être maintenue la paix pour laquelle ils ont gagné la victoire. Ils vous disent qu'en vos quinze ou dix-sept ans vous êtes les plus proches dépositaires de la pensée des héros ; qu'ils se sont battus et sont morts pour défendre le sol de la Patrie sans doute, mais aussi un idéal de justice et de civilisation fécondé par vingt siècles de traditions chrétiennes que la pire barbarie menaçait d'étouffer. Ils vous supplient de vous rendre capables, si la Patrie en danger appelait ses fils, de faire ce qu'ils ont fait, d'aimer passionnément la France, car on est prêt à donner tout, la vie même, pour ce qu'on aime.

Messieurs,

Il convient que tous nous entendions la leçon des morts.

Le sang versé purifiant la France l'a refaite au moins pour un temps. Nos enfants furent ainsi des rédempteurs. Il dépend de tous les Français de ne pas laisser perdre le fruit de cette rédemption. Les morts adjurent les vivants de ne pas compromettre la paix conquise par le retour des divisions, des erreurs, des paresses, des folies, de la recherche d'intérêts égoïstes, de l'indifférence pour les grandes causes sociales et pour le service de Dieu. Ces misères terniraient l'éclat de leur gloire, paralyseraient nos forces, énerveraient nos mœurs nationales en présence d'un ennemi toujours implacable.

Conception élevée et généreuse du devoir, courage dans l'épreuve, sacrifice sans réserve au bien commun, foi en Dieu et en sa Providence, voilà ce que leur exemple nous impose. Les comprendre, leur obéir, voilà la meilleure manière d'honorer leur mémoire.

Glorieux fils de France, nos enfants des Chartreux,

Vos familles vous pleurent, mais leur douleur est transfigurée par votre gloire.

Vos amis sont fiers de vous et fortifiés par l'exemple de votre généreuse fidélité au devoir.

Votre vieille Institution sera la gardienne de vos noms et redira aux jeunes votre héroïsme dans le sacrifice.

La France salue en vous ses défenseurs, ses sauveurs.

Dieu, que vous avez appris à connaître et à servir, s'est chargé de votre récompense, plus belle et plus solide que celles que peuvent offrir les hommes, parce qu'elle est éternelle.

Seigneur, vous avez couronné dans la gloire les vaillants tombés pour la Patrie.

(Applaudissements).

Allocution de M. REGAUD

DÉPUTÉ DU RHÔNE

Mon général,
Eminence,
Monseigneur,
Monsieur le supérieur,
Messieurs,

Parler, en cet instant, au nom des combattants, c'est l'honneur qui m'est conféré par la désignation de camarades et d'amis trop bienveillants.

N'aurais-je pas dû me soustraire à cette invitation ?

Le modeste officier de chasseurs alpins que j'ai été pendant la guerre aurait dû refuser d'obéir, pour une fois, mon général, s'il n'avait réfléchi que vous avez fait la plus grande partie de votre carrière dans les chasseurs à pied, et qu'à ce titre déjà il vous doit une déférence particulière.

Si j'avais considéré que je serais devant vous, mon général, devant mon ancien commandant d'armée, j'aurais aussi déclaré catégoriquement que vous deviez parler seul, tout seul, au nom de ceux qui ont fait la guerre, parce que vous pouvez apporter ici une parole incomparable d'autorité, un jugement et un témoignage sans égal sur les hommes et les grands événements de cette guerre, sur ses enseignements.

Vous resterez dans l'histoire le chef dont le nom brillera d'un pur éclat ; nul commandant d'armée n'eut une part plus permanente et plus large que la vôtre dans la victoire.

Au risque de faire des redites, très rapidement, mon général, au nom des combattants, au nom de ceux qui vous ont vu, je veux rappeler qu'après avoir été le collaborateur des grands généraux de Négrier et Hagron, vous êtes devenu celui des maréchaux Foch et Pétain, dont vous restez le disciple, après avoir été leur auxiliaire ou leur successeur, notamment comme professeur du cours de tactique d'infanterie, en cette Ecole supérieure de Guerre dont vous êtes le commandant d'après-guerre.

Le sous-chef d'état-major de l'armée Dubail, bientôt colonel et chef d'état-major de la première armée, puis général de brigade, commandant la 25e division d'infanterie, dès mai 1915, se faisait remarquer à Cumières et au Mort-Homme ; général de division, commandant le 38e corps d'armée dans l'offensive sur la Somme, en octobre 1916, vous avez vécu cette période de la guerre caractérisée par l'horrible boue ; il fut peu de combats aussi durs que ceux livrés devant Sailly-Saillisel.

Votre connaissance approfondie du soldat, de ses misères et de ses souffrances, comme de ses enthousiasmes, vous avait bien préparé pour guérir, quand vous fûtes major-général, la crise qui sévit dans la période délicate du début de l'année 1917. Avec le maréchal Pétain, vous avez droit à la reconnaissance de la Patrie pour avoir triomphé de la contamination du dedans qui aurait pu être plus dangereuse, à cette époque, que l'ennemi du dehors.

Mais j'ai hâte de louer en vous le commandant de la première armée, le chef à la décision rapide et sûre qui, parti précipitamment de Toul en mars 1918, prit le commandement au sud des Anglais déroutés par l'offensive allemande. Vous resterez, avec votre état-major, 48 heures à l'ouest de Montdidier, presque sans troupe devant vous ; votre initiative hardie de céder largement du terrain et d'établir, en attendant les éléments d'infanterie, une ossature d'artillerie qui força les Allemands à s'arrêter, pouvait seule permettre ce rétablissement difficile.

En août 1918, vous livrez et gagnez magnifiquement la bataille de Montdidier, prélude de manœuvres habiles. Rien désormais ne pouvait arrêter votre armée dans ses bonds formidables, pressant l'Allemand désespéré, jusqu'au jour où vous avez eu la suprême satisfaction de recevoir, il y a presque trois ans jour pour jour, les parlementaires et les plénipotentiaires ennemis.

Simple exécutant dans mon bataillon, j'ai été témoin discipliné et silencieux pendant la guerre ; si je me permets de parler aujourd'hui de ces hauts faits auxquels votre nom est glorieusement uni à jamais, c'est que l'histoire les a marqués déjà de façon impérissable et avec une clarté lumineuse.

Que seraient cependant la tactique, la stratégie, le génie des plus grands généraux ou de leur état-major sans l'outil merveilleux qu'a été le soldat français et ses cadres immédiats ?

Excusez-moi, messieurs, de me recueillir maintenant dans l'émotion profonde qui m'étreint.

Vers vous, tout à l'heure, glorieux soldats, chers camarades tués ou disparus pendant ces cinquante et un longs mois d'une guerre sans pareille dans l'histoire des peuples, vers vous, de notre vieille chapelle qui connut notre jeunsese, sont montées notre gratitude infinie, nos pensées et nos prières.

A côté de la génération qui nous précéda, de celle qui défendit la France en 1870, à côté des noms glorieux que conservent ces marbres noirs et que nous n'avons jamais lus sans un filial respect, avec le désir de suivre ces exemples, la génération sortie de cette maison et qui était en âge de porter les armes, au 1er août 1914, a laissé sur les champs de bataille plus du quart de son effectif. Quelle tristesse !

Qui donc oserait soutenir devant vous que la classe bourgeoise, possédante, intellectuelle, dirigeante, qu'on l'appelle comme on voudra, n'a pas payé chèrement son tribut ? C'est un lieu

commun qu'affirmer le contraire dans certains milieux aveuglés ou mal informés par des gens intéressés ou aigris.

Si la Société amicale des Anciens Élèves des Chartreux a pu accrocher à ces murs ces plaques de marbre, c'est que de votre sang, chers disparus, vous les avez scellées pour toujours. Cette maison est la vôtre. Ces plaques rappelleront aussi que, depuis le simple soldat jusqu'au plus haut grade de la hiérarchie, à tous les degrés comme à tous les âges, chacun, selon ses forces et ses habitudes, des anciens élèves des Chartreux a fait son devoir partout où il a été placé par le sort.

Quelle moisson de gloire et d'héroïsme elles représentent, ces plaques!

Combien serait émouvante la lecture des citations rappelant les faits de guerre et les actions d'éclat de nos camarades!

Dans le temps que j'ai vécu ici, sous la noble direction de M le supérieur Hyvrier, cet éducateur incomparable dont le haut libéralisme et le patriotisme doivent être rappelés dans cette cérémonie, car ils constituent encore le tréfonds de l'esprit des Chartreux, jalousement gardé par vous, Monsieur le supérieur; dans ce temps-là, il me souvient que, parfois le matin, après le réveil, sitôt dite la prière, la lecture sainte ou la méditation était remplacée par la communication de lettres d'anciens élèves qui guerroyaient au loin pour agrandir le patrimoine de la France; nous entendions avidement ces lectures, y puisions des résolutions, apprenant à devenir des hommes. De quel puissant exemple serait la lecture que l'on ferait en feuilletant aujourd'hui le recueil des Héros des Chartreux!..

En honorant ainsi magnifiquement la mémoire de nos camarades, vous imprégneriez fortement d'esprit viril et de mâle énergie vos élèves, nos successeurs, ceux qui sont l'avenir et l'espoir de notre race.

Il ne faut pas avoir peur de parler de la guerre, non pour la désirer, certes! non pour croire son recommencement prochain, loin de moi cette pensée, mais pour la craindre, pour y puiser tous les enseignements qu'elle nous fournit, pour ne pas oublier ses horreurs, ni ses souffrances, ni ses ruines, pour que, individuellement, chacun s'ingénie à augmenter ses forces physiques, intellectuelles et morales, en accroissant ainsi celles de la Patrie qu'il faut refaire.

La pensée dernière de nos grands morts, celle que nous avons si souvent recueillie sur les champs de bataille des lèvres expirantes, celle qui apaisait les douleurs des mourants ou mettait sur leur visage comme une douceur extatique, la pensée suprême de nos glorieux camarades, après être allée à la femme, aux petits enfants, au vieux père ou à la maman, au frère ou à la sœur, c'est vers vous, mes jeunes camarades, oui vers vous tous qu'elle courait fiévreusement, ardemment, n'en doutez point.

Quand ils se battaient jusqu'à la mort pour éviter le retour des horreurs au milieu desquelles ils succombaient et qu'ils avaient vécues durant des jours longs comme des semaines, pendant des mois qui paraissaient des siècles, c'était pour l'avenir de la France. C'est vous tous qu'ils saluaient en tombant au cri de « Vive la France ! ».

Souvenons-nous toujours! Ne trahissons pas nos morts!

Vive la France!

(Applaudissements).

Allocution du Général DEBENEY

COMMANDANT DE L'ÉCOLE SUPÉRIEURE DE GUERRE

Messieurs,

L'Institution des Chartreux a payé largement sa dette au pays. La longue liste étalée sous vos yeux atteste que toutes les générations, toutes les professions, tous les grades se sont dressés dans un commun élan à l'appel de la France ; ces 147 noms jalonnent toutes les étapes de la lutte jusqu'à la victoire en s'inscrivant presque tous au glorieux historique du 14ᵉ corps.

L'hommage rendu de tout temps aux soldats morts pour la patrie est particulièrement dû à ceux de la grande guerre parce que jamais combattants n'ont dû faire appel à des vertus individuelles d'un ordre plus élevé.

Qualité du courage qui ne s'exerçait que rarement dans le clair soleil des assauts, mais couramment dans l'obscurité de la nuit et dans le chaos des tranchées! Qualité de la confiance qui ne fut point celle d'une journée de bataille ni même d'une période, mais celle de quatre longues années où les progrès ne s'accusaient qu'avec une lenteur décourageante, où tant d'obstacles chaque jour renaissants masquaient le résultat final.

Des vertus de cet ordre exigent des âmes particulièrement hautes et des consciences singulièrement fermes. Les familles et les maîtres qui ont formé ces consciences et exalté ces âmes peuvent être fiers de leur œuvre ; ils ont droit à une part des hommages que nous rendons aux héros qu'ils ont élevés. Ce n'est que justice dans cette maison où la liste du sacrifice porte fièrement en tête le nom d'un professeur témoignant ainsi la sincérité d'un enseignement où l'exemple inscrit le précepte en lettres de sang.

Sans nul doute ces rares vertus ont mérité aux victimes que le Dieu de miséricorde leur ouvre des bras plus larges et plus accueillants, mais même on peut dire qu'elles se sont élevées jusqu'à ce degré suprême qui mérite la sanction des décrets de la Providence.

Sous leur poids, la balance a penché et dès lors la victoire a brillé d'un éclat incomparable sur les armes de la France et de Thionville à Metz, de Strasbourg à Mulhouse, l'hymne de la délivrance est monté joyeusement vers le ciel.

Ceux qui se sont offerts généreusement pour une cause dont la justice a triomphé se contenteraient-ils d'un hommage confiné dans la douleur, inégal ainsi à la grandeur de leur sacrifice et oublieux de sa fécondité. En toute vérité nos morts exigent plutôt que nous lisions la leçon de l'avenir qu'ils ont écrite avec leur sang.

Cette leçon s'adresse à tous mais surtout à vous, jeunes gens qui préparez la France de demain ; vous pourrez chaque jour la méditer en relisant ces tables de gloire.

C'est la leçon du temps de paix comme la leçon du temps de guerre, elle tient en peu de mots : la foi inébranlable dans les destinées de la France.

Cette foi, vos aînés l'ont eue en s'associant pendant la paix à ce travail obscur et patient qui préparait les âmes et les esprits à la grande lutte que l'on savait inévitable ; on savait en effet que la France ne pouvait pas rester mutilée, on savait que nos frères d'Alsace et de Lorraine seraient délivrés un jour.

Ils l'ont eue encore pendant la guerre, à travers les épreuves, à travers les lenteurs : en se repliant sur la Marne, ils savaient que le redressement vainqueur allait se produire; à Verdun, ils savaient que l'envahisseur ne passerait pas; pendant la bataille de France, ils savaient qu'ils auraient le triomphe définitif. Foi merveilleuse et féconde qui repose sur le témoignage réel de cent miracles de patriotisme, qu'ont incrustée dans nos cœurs quinze siècles d'une histoire incomparable et que personnifie la sainte figure unique au monde de la Vierge de Domrémy.

Cette foi, vous l'aurez comme eux si des heures sanglantes se lèvent à nouveau, mais, sachez-le bien, vous ne l'aurez pleine et agissante que si vous l'avez nourrie dans le travail quotidien de la paix.

Le devoir de vos générations est tout d'abord d'écarter l'atmosphère de pessimisme que laisse forcément après elle une période de violence comme celle que nous venons de traverser. Les deuils, les angoisses, les privations ont trop secoué les nerfs pour que la fin de la lutte suffise à ramener le calme des esprits et des cœurs ; on n'a plus la patience d'attendre le recul nécessaire pour juger sainement les événements du jour, ni la sérénité d'aborder avec méthode les nouveaux et formidables problèmes qu'a posés la guerre.

Il vous appartient d'être les bons ouvriers d'une ère nouvelle qui n'est pas et ne sera point une ère de repos : vous aurez le dur labeur de gagner la paix comme vos anciens ont gagné la guerre et de maintenir par vos œuvres le rayonnement incomparable que leur sacrifice victorieux a assuré à la chère patrie.

Regardez votre devoir en face.

Vous recevez dans cette maison à la fois une instruction élevée et les principes chrétiens qui font les âmes fortes. Vous êtes donc des privilégiés de la vie et vous avez les moyens d'épanouir votre pleine valeur dans la profession que vous aurez choisie.

Quelle qu'elle soit, il n'en est pas une que vous ne puissiez élargir par un rayonnement d'influence bienfaisante. Vous ferez ainsi les forces jeunes et ardentes qui vivifieront la patrie et vous prendrez la place des nobles victimes qui sont tombées pour sauver votre avenir.

La foi dans les destinées de la France, qui a soutenu vos aînés jusque dans la mort, c'est à vous que revient l'honneur de la justifier dans l'avenir ; chaque fois que vous passerez devant ces tables glorieuses, vous renouvellerez le serment de travailler pour la France dans le labeur quotidien de votre vie comme sur le champ de bataille si l'événement l'exige.

Ainsi vous continuerez l'œuvre française et Dieu vous soutiendra. *(Applaudissements)*.

A l'issue de cette cérémonie, un déjeuner réunissait dans la salle des fêtes de l'Institution les professeurs, les élèves, un certain nombre de parents d'élèves et de très nombreux anciens élèves — plus de cinq cents convives.

A la fin du repas, les toasts suivants furent échangés :

Toast d'un Elève de Philosophie

DOYEN DES ÉLÈVES DE L'INSTITUTION

Mon général,

Voulez-vous me permettre au nom de tous mes camarades de vous dire la joie, la fierté, la reconnaissance qui font battre nos cœurs en présence d'un Chef, qui fut entre les plus illustres de

la Grande guerre et qui veut bien se rappeler simplement, aujourd'hui, qu'il compte parmi nos anciens.

Les plus âgés, nous étions bien jeunes en 1918 ! Et pourtant, tandis que nous cherchions sur la carte, d'un doigt malhabile et tremblant, les villes et les villages qui marquaient, dans les plaines de la Somme, les étapes sanglantes de la victoire ; tandis que nous écoutions, palpitants, le récit des durs exploits où nous savions tant des nôtres mêlés, des noms glorieux montaient très haut dans nos imaginations d'adolescents et d'enfants, bien au-dessus des héros d'un lointain passé, et s'y fixaient en un souvenir fait, mon général, comme celui des soldats que vous avez menés au combat, de respectueuse admiration et d'ardente sympathie. Votre nom était de ceux-là. Merci, mon général, d'animer le souvenir, et d'ajouter au nom, que nous n'avons pas oublié, la personne même et les traits vivants du chef, qui ne s'effaceront point de notre mémoire.

Vous êtes venu, mon général, pour nous aider avec votre gloire, à honorer nos morts — magnifiquement ! Mais peut-être aussi, s'il m'est permis d'interpréter votre pensée intime, pour connaître et apprécier les vivants ; pour éprouver si le métal de leurs âmes rend, à l'appel de l'honneur, le même son clair et vibrant que vous entendiez naguère ; pour écouter si la voix impérieuse du devoir y éveille encore le même frémissement profond de dévouement et de sacrifice ; pour savoir enfin si la France peut compter sur nous.

Beaucoup parmi nous, mon général, sont les fils ou les frères de ceux qui sont tombés pour elle ; et si tous, nous ne le sommes pas par le même sang qui coule dans nos veines, fils et frères de nos morts, tous nous voulons l'être par la même foi, le même idéal, le même esprit de sacrifice, parce que notre âme s'abreuve aux mêmes sources où s'est abreuvée leur âme : l'amour de Dieu et l'amour de la France.

Vous êtes ici, mon général, Monseigneur, les représentants de Dieu et de la Patrie, de l'Eglise et de la France. Et nous voulons que vous puissiez emporter de ce trop rapide contact avec la jeunesse des Chartreux la certitude, douce à vos cœurs, que nous serons toujours épris de ce double idéal, ardents à le servir, dévoués à acquérir les fortes vertus qui le feront resplendir dans les œuvres de notre vie, et, si Dieu et la France le demandent, glorifier, à l'exemple de nos aînés, dans l'héroïsme de notre mort. *(Applaudissements)*.

Toast de M. le Chanoine FAURE

SUPÉRIEUR DE LA MAISON DES CHARTREUX

Je ne serais pas surpris que beaucoup d'entre vous cherchant à me retrouver parmi les physionomies qu'ils ont connues ici et aimées et n'y parvenant pas, se demandent à quel titre j'ai eu le grand honneur, ce matin, de célébrer la messe pour vos glorieux morts de la guerre, et à quel titre, maintenant j'ai l'honneur de vous parler.

Je suis ici, Messieurs, parce que je représente la maison des Chartreux. De m'avoir mis à sa tête, elle n'a pas lieu, sans doute, d'être fière, mais je suis très fier, moi, de la représenter.

Or, notre Maison des Chartreux qui, dans son existence déjà centenaire, a rendu je crois quelques services, conquis quelque gloire, aime à compter parmi ses gloires les meilleures, ses services les plus grands, le fait d'avoir formé les nombreuses générations scolaires dont vous êtes, qui se sont succédées ici.

C'est en effet la Maison des Chartreux qui, par l'un de ses membres dont le souvenir est resté bien vivant, M. Hyvrier, créa cette Institution, non sans quelque audace, puisque ce fut avant même la loi sur la liberté de l'enseignement. Depuis lors, c'est elle qui a donné à cette Institution ses supérieurs, ses directeurs, ses économes et la plupart de ses professeurs.

Je ne parle que des morts pour ne pas effaroucher les vivants, mais véritablement, Messieurs, je vous en prends à témoins : est-ce que la Maison des Chartreux n'a pas doté cette Institution d'un corps professoral véritablement splendide ? *(Applaudissements)* : Hyvrier, Thibaudier, Gonindard, Déchelette, Mellier, Chevenier, Acary, j'en oublie ; il en est un que je ne veux pas oublier, le dernier disparu que j'aurais été si heureux de voir à cette fête, M. Penel *(Applaudissements)*.

Croyez-vous que beaucoup de collèges en France aient la bonne fortune de posséder en même temps un pareil groupement de professeurs dont chacun, à lui seul, aurait suffi à honorer et à illustrer une maison d'éducation ?

A un autre point de vue, cette Institution doit à la Maison des Chartreux ce que je crois être son trait caractéristique, sa physionomie toute particulière. Qu'un prêtre passe sa vie tout entière dans l'enseignement, le fait peut se trouver ailleurs, mais il est exceptionnel ; ici, messieurs, il est fréquent et je pourrais dire habituel. Ils sont nombreux ceux de nos prêtres qui, entrés dans l'Institution à l'âge de 25 ans y sont morts à un âge très avancé, n'ayant pas eu d'autres préoccupations, d'autres soucis, je puis dire d'autre amour que de se dévouer au service des élèves *(Applaud.)*.

Et vous comprenez fort bien tout ce que cette stabilité du corps professoral doit ajouter à la valeur éducatrice de l'Institution, comme vous savez l'attrait, le charme qu'elle lui donne ; quand vous revenez ici dix, quinze, vingt ans après la fin de vos études, vous y retrouvez encore quelques-uns de vos anciens maîtres les cheveux blanchis, des rides au visage, mais au cœur toujours la même tendresse paternelle *(Applaudissements)*.

Or, messieurs, d'où vient cette stabilité du corps professoral ? Y avez-vous pensé ? Elle vient de ceci : l'Institution des Chartreux s'appuie sur notre Maison des Chartreux. Vos professeurs qui sont ici sont heureux de se dévouer sans réserve à l'œuvre entreprise et réalisée par leur communauté ; puis, je puis le dire très haut, ils n'ont pas la tentation, le besoin de regarder au dehors pour se préparer un avenir ; ils savent que, au moment opportun, ils trouveront chez nous un ministère mieux adapté à leurs forces et, s'il le faut, une retraite bien modeste il est vrai, mais tranquille au milieu de leurs frères. C'est pourquoi ils restent professeurs. C'est pour ces raisons que, l'heure venue de conjurer le grave danger qui nous menaçait, ceux de nos anciens élèves qui ont bien voulu assumer le labeur des premières démarches et négociations, ce dont nous les remercions vivement, ont pris la décision, confirmée dans les assemblées qui ont suivi, de s'employer à maintenir debout, malgré toutes les difficultés, l'Institution et la Maison des Chartreux toujours étroitement unies comme par le passé.

Je le sais, l'entreprise est laborieuse, l'effort à faire est grand et s'il nous avait fallu, à nous seuls, dans les circonstances actuelles, assurer notre avenir, nous aurions succombé à la tâche. Semblable au héros de la fable antique, condamné pour ses crimes à soulever seul et remonter son rocher jusque sur la montagne et qui ne pouvait y parvenir, nous nous serions épuisés sans grands résultats. Et cependant nous désirions vivre, non pas tant pour le plaisir de vivre — c'est peu — mais parce que nous avons au cœur la conviction profonde que notre Maison des Chartreux a sa raison d'être et son utilité, et la résolution très arrêtée de continuer à faire de notre vie bon usage, usage meilleur encore s'il se peut.

Au milieu de notre impuissance, nous avons donc pensé aux centaines d'élèves et aux centaines d'anciens élèves qui se sont succédé ici et qui gardent à l'Institution un filial attachement ; et grâce à la généreuse cohésion de nos efforts, j'ai toujours espéré et maintenant je suis totalement persuadé que l'entreprise, toute laborieuse qu'elle puisse être, sera menée à bonne fin et que sur ce terrain, tout comme nos glorieux soldats, nous remporterons une victoire.

Au nom de tous mes confrères et en mon nom, au nom de vos anciens maîtres disparus, rappelés à Dieu et qui, de là-haut, vous sourient et vous bénissent, heureux de retrouver en vous de belles âmes et de beaux caractères, je remercie du fond du cœur les anciens élèves et les amis présents et absents qui nous ont donné ou nous donneront leur concours et contribueront ainsi à maintenir malgré tout, sur cette colline, pour le bien de l'Eglise et pour le bien du pays, ce très modeste mais réel et bienfaisant foyer d'apostolat, d'éducation, de culture catholique et française, la Maison des Chartreux *(Applaudissements)*.

Toast de M. le Chanoine RIVOYRE

SUPÉRIEUR DE L'INSTITUTION DES CHARTREUX

Monsieur le Président de la Société amicale,

Vous me permettrez de vous adresser nos remerciements pour l'intérêt et l'affection que vous portez à notre Institution et dont vous avez donné tant de preuves. Il y a un an, dans une belle allocution, vous vouliez bien décrire avec complaisance son rôle, qui est de maintenir autant qu'il est possible, en notre temps, cette culture classique française que vous comprenez excellemment. Soyez sûr qu'elle n'aura jamais d'autre ambition.

Monseigneur,

Malgré les sollicitudes de votre charge pastorale, vous avez bien voulu venir à nous. Enfant de la maison, vous lui donnez aujourd'hui un précieux témoignage de votre affectueuse estime, croyez que nous y sommes très sensibles et agréez nos plus respectueux remerciements.

Mon Général,

En décembre dernier, M. le professeur Vallas, faisait acclamer par nos anciens le nom du général Debeney, l'un des grands chefs de notre armée. Aujourd'hui les jeunes gens vous acclament à leur tour, fiers de vous voir au milieu d'eux, où vous apportez un exemple vivant de labeur, de mérite, de patriotisme. Soyez-en aussi très sincèrement remercié.

La guerre, qui bouleversa la vie en France, fut un temps d'épreuve pour notre maison. Dix-huit professeurs mobilisés, nos locaux occupés en grande partie par un hôpital auxiliaire ; les tristesses, les angoisses patriotiques auxquelles maîtres et élèves ne pouvaient être étrangers, créèrent une période vraiment pénible.

Grâce à Dieu, la victoire, la paix ont rétabli pour nous l'ordre normal de la vie scolaire et notre œuvre a repris son allure d'autrefois.

En 1896, je disais ici que notre horizon était chargé de nuages. Il n'était que trop vrai !

En 1910 l'avenir n'était pas plus rassurant.

Vint la guerre qui suspendit des projets prêts d'être réalisés pour l'organisation de la Maison. On vécut au jour le jour, locataires à l'année.

La guerre finie, la question se posa de nouveau. Ce fut alors que nos amis, nos camarades se mirent tout entiers à l'œuvre, purent, grâce à leur intelligence et à leur activité, préparer et amener une solution, que vous connaissez déjà.

Je dois dire que les négociations délicates entreprises par nos amis furent singulièrement facilitées par le bon vouloir et la courtoisie d'hommes bienveillants et bien avisés, parmi lesquels je dois remercier tout spécialement M. le secrétaire général de la mairie de Lyon.

Que pourrais-je dire, qui puisse exprimer notre gratitude à ceux qui ont tant travaillé pour nous ?

Nous la leur donnons pleinement. Dieu, dont ils ont fait l'œuvre, les en récompensera. *(Applaudissements).*

Toast de M. ANCEL

PRÉSIDENT DE LA SOCIÉTÉ ANONYME " LES CHARTREUX "

Mes chers camarades,
Messieurs,

Nous sommes venus ici apporter notre hommage respectueux à nos camarades morts pour la patrie.

L'amour du devoir qu'ils ont poussé jusqu'au sacrifice de leur vie, où l'ont-ils puisé ? Dans leur famille, c'est certain, mais aussi dans les leçons qu'ils ont reçues ici.

Notre belle Institution peut être fière également de tous ses autres enfants qui, plus heureux, sont revenus de cette guerre après avoir fait vaillamment leur devoir, ce que nous pouvons tous constater en voyant les décorations qui ornent les poitrines de beaucoup de nos camarades.

Notre devoir à nous tous est de conserver et d'améliorer cette Maison, pour qu'elle puisse continuer à donner à notre pays des générations qui soient prêtes à faire leur devoir, tout leur devoir, soit dans la paix, pour la reconstitution de la France, sa prospérité et son rayonnement dans le monde, soit dans la guerre, si nous avions le malheur de revoir ce terrible fléau.

Pour arriver à ce résultat, un certain nombre d'anciens élèves, d'accord avec Messieurs les Supérieurs, ont pensé qu'il était nécessaire de créer une société qui pourrait prendre les engagements nécessaires pour faire aboutir les pourparlers engagés avec la ville de Lyon.

C'est dans ce but qu'a été créée la société « Les Chartreux », et, comme il fallait aboutir rapidement, elle a été fondée au capital très réduit de cent mille francs.

Mais vous pensez bien que ce n'est pas avec un capital aussi minime que nous pourrions réaliser les projets dont vous avez tous entendu parler. Il faut que nous modernisions matériellement notre vieille Institution, il faut aussi que nous assurions notre avenir ; car, pour qu'elle puisse vivre et se développer, il lui faut la sécurité. Ce résultat obtenu, nous sommes sûrs que les familles lui confieront plus volontiers leurs enfants, si d'une part elles onts sûres qu'ils pourront y terminer leurs études, et si d'autre part elles savent que les conditions matérielles sont améliorées.

Pour arriver à ce résultat et parer aux réparations urgentes des bâtiments de l'Institution et de la Maison des Missionnaires, il faut un capital important ; c'est pour cela que la société « Les Chartreux » a décidé l'augmentation de son capital.

C'est un gros effort financier que nous demandons aux anciens élèves, mais nous sommes sûrs qu'il est indispensable, si on veut assurer réellement l'avenir de notre Institution. Nous avons reçu déjà de nombreuses souscriptions et de belles souscriptions.

Nous remercions tous ceux qui ont répondu à notre appel mais nous ne sommes pas arrivés encore au but.

Nous demandons à tous ceux qui sont ici de souscrire, s'ils ne l'ont pas encore fait, et cela aussi largement que possible.

Nous leur demandons aussi instamment d'user de leur influence auprès de nos camarades ou des parents de nos camarades qui ne sont pas ici, pour obtenir qu'ils souscrivent dans la mesure la plus large.

Car je ne vous le cacherai pas, si nous n'avions que des souscriptions à une action nous n'arriverions pas à notre but.

C'est par des démarches individuelles faites par nos amis de bonne volonté que nous arriverons au résultat désiré.

Nous avons bien envoyé à tous les anciens élèces et aux familles des anciens élèves décédés la circulaire que vous connaissez, mais, pour beaucoup, une circulaire c'est une chose impersonnelle, on la lit ou on ne la lit pas, et puis on en reçoit tellement et elles sont toutes aussi pressantes.

Aussi, mes chers camarades, nous vous demandons d'écrire aux anciens élèves et aux parents d'anciens élèves décédés que vous pouvez connaître et surtout, dans la mesure du possible, de faire une démarche vous-mêmes auprès d'eux.

Si tous ceux qui s'intéressent à notre belle Institution répondent à notre appel, nous arriverons certainement à réunir le capital nécessaire à la réalisation des projets qui ont été élaborés, pour assurer son avenir et affectuer les transformations nécessaires à sa modernisation.

Nous vous donnons rendez-vous, mes chers Camarades, bientôt nous l'espérons pour le prochain congé de famille, et nous pourrons constater l'amélioration matérielle de notre vieille Maison, fêter son activité accrue et son avenir assuré. *(Applaudissements)*.

Toast de M. le Docteur VALLAS

PRÉSIDENT DE LA SOCIÉTÉ AMICALE DES ANCIENS ÉLÈVES DES CHARTREUX

Tranquillisez-vous, ce n'est pas un discours que je vais faire.

Après les cérémonies auxquelles nous avons assisté, après le banquet, après toutes les explications qui ont été données, il n'y a plus rien à dire. Entendons-nous, il n'y a plus rien à dire pour les vieux et les anciens, mais je crois que nous avons tout de même oublié un peu trop les jeunes. Nous leur avons parlé de l'avenir, on leur a montré leur devoir, les espérances qu'on fondait sur eux. On leur a demandé beaucoup ; on ne leur a rien donné *(Rires)*.

Je vois que je suis compris tout de suite et que mes paroles soulèvent un enthousiasme bien juvénile. Je vais aller peut-être au delà de leurs espérances.

Monsieur le Supérieur, c'est à vous que je m'adresse aujourd'hui, préparez-vous, vous allez recevoir une vague d'assaut terrible car je ne suis pas seul et j'ai des alliés. En bon français, je vais faire passer mes alliés les premiers.

D'abord, M. le général Debeney qui m'a prié de parler en son nom ; ensuite Monseigneur Marnas qui se joint à lui et tous deux en même temps ont eu, chose curieuse, cette même idée qui est aussi la mienne. Je parle au nom de la société des Anciens Élèves. Pour chacun de nous, Monsieur le Supérieur, je vous demande un jour de congé, ce qui fait trois *(Tonnerre d'applaudissements)*.

Je crois que vous êtes vaincu et que nous sommes victorieux, mais la victime a cependant droit à certaines complaisances et nous vous laissons le choix du moment où vous voudrez bien vous exécuter *(Applaudissements)*.

Réponse de M. le Chanoine RIVOYRE

SUPÉRIEUR DE L'INSTITUTION DES CHARTREUX

Je m'avoue vaincu. Je comprends très bien quels sont les sentiments généreux qui vous animent, Monsieur le général, Monseigneur et vous, mais je trouve que... *(bruit)*.

... Je donnerai bien congé, nous n'y perdrons rien, mais j'ai peur que les familles ne trouvent un peu excessif... *(Bruit, cris : non ! non !)*.

... J'accepte donc volontiers ce succès de l'armée, de l'Eglise et de la société. Les trois jours de congé sont accordés *(Tonnerre d'applaudissements)*.

Toast du Général DEBENEY

Je sais que j'entrerai tout à fait dans l'ordre d'idées où se trouvent actuellement tous mes camarades, les anciens élèves, en portant maintenant la santé de la jeunesse. Je lui dois d'ailleurs des remerciements puisque tout à l'heure, un d'entre vous, qui m'a eu l'air chargé de nombreuses années d'études et de préoccupations philosophiques et rhétoriques, a bien voulu m'adresser des paroles qui m'ont beaucoup touché parce que je sentais qu'elles venaient du cœur.

Alors, je porte la santé de la jeunesse parce que, on vous l'a déjà dit et je vous le rappelle encore, parce que nous comptons sur vous. Tout à l'heure nous vous avons montré que nous comptions sur vous en vous faisant donner des vacances. Ce n'est pas uniquement de cette façon là que nous comptons sur vous, mais c'est parce que nous avons besoin de vous. Ceci va vous étonner, je vais vous dire quand, à quel moment nous aurons besoin de vous.

Quand nous étions dans cette salle, autrefois, nous étions moins sages que vous... *(Rires et applaudissements)*... Quand nous étions dans cette école, on nous disait : travaillez pour reprendre l'Alsace et la Lorraine. C'est fait. Bon. Mais vous, vous avez à travailler pour l'échéance de quinze ans. Vous ne savez pas ce que c'est, eh bien, vous le saurez. Dans quinze ans d'ici, eh bien vous verrez qu'il y aura en France les trous formidables qu'a faits la guerre ; pendant cinq ans il n'y a pas eu de naissances ou peu de naissances ; dans quinze ans, des hommes de 20 à 25 ans il n'y en aura pas, il y en aura très peu ; alors, vous qui serez vieux — à ce moment-là vous aurez trente ans et plus — il faudra que vous travailliez pour deux.

Eh bien, il vous suffit de le savoir. Vous êtes une génération qui ne sera pas une génération de pleurnicheurs, de gens qui se disent : où allons-nous, tout est perdu ; vous serez une génération de gens qui diront : nous savons qu'il y a un coup de chien à donner, nous sommes là *(Applaudissements)*.

Après le déjeuner, des conversations amicales prolongèrent quelque temps la réunion, dans la salle des fêtes, dans les cours et les parloirs, tous lieux où les anciens élèves trouvent à chaque pas des souvenirs. Des groupes se formaient auprès d'anciens professeurs qu'entouraient ainsi de nombreuses générations d'élèves.

Puis il fallut se disperser, vers le soir, après cette journée consacrée à honorer nos morts et à éprouver à nouveau l'agrément de ces réunions de confiante camaraderie.

SOCIÉTÉ AMICALE

DES

ANCIENS ÉLÈVES DES CHARTREUX

Siège Social, 17, rue du Bât-d'Argent, Lyon

Chez Me EYMARD, Notaire

COMPTE RENDU DE L'ANNÉE 1922

LISTE GÉNÉRALE DES MEMBRES

AU 1er MAI 1922

CONDITIONS D'ADMISSION

COTISATION

D'après l'article 4 des statuts, la *cotisation annuelle* pour les MEMBRES de la Société est de 15 francs.

On peut se libérer de cette cotisation par :

1° Un versement unique de 100 fr., qui donne le titre de MEMBRE A VIE ;

2° Un versement unique de 200 fr., qui donne le titre de MEMBRE PERPÉTUEL.

Les noms des membres perpétuels resteront inscrits, sur les comptes rendus annuels de la Société, même après le décès des titulaires.

AVIS

Les cotisations peuvent être adressées directement au Trésorier de la Société :

M. Louis BÉNÉ

Administrateur de Société d'Assurances

3, rue de la Barre, LYON

ou versées au compte de Chèques Postaux Lyon, n° 5409.

Les cotisations annuelles non reçues comme il est indiqué ci-dessus seront perçues à domicile : à Lyon, par un encaisseur ; au dehors, par la poste.

COMPOSITION DU BUREAU
DE LA SOCIÉTÉ AMICALE DEPUIS L'ORIGINE

ANNÉES	PRÉSIDENTS	VICE-PRÉSIDENTS	SECRÉTAIRES	TRÉSORIERS
1887-88.	Francisque JANDIN			
1888-91.	Hermann SABRAN	Louis MANHÈS	Aimé LOUVIER	Albert JOANNARD
1892 . .	Joseph RENARD	Hippolyte BERTHAUD	Henry DAMOUR	Philippe VERZIER
1893 . .	—	Antoine VACHEZ	Hubert AULOIS	—
1894 . .	Antoine VACHEZ	Alphonse GOURD	—	Aimé LOUVIER
1895 . .	—	Alphonse DESGEORGES	—	—
1896 . .	Paul SAUZET	Louis MANHÈS	J. PATRICOT	—
1897 . .	—	—	—	—
1898 . .	—	—	Alphonse DAMOUR	J. PATRICOT
1899 . .	Emile DUPORT	Léon RIBOUD	—	Félix BALAY
1900 . .	—	—	—	—
1901 . .	—	MASSARD	Antoine DE L'HARPE	—
1902 . .	Louis MANHÈS	Edmond DELPHIN	—	Jean BALAŸ
1903 . .	—	—	—	—
1904 . .	—	Général RICHARD	Georges ROUSSEAU	—
1905 . .	René de PRANDIÈRES	—	—	Paul GOURD
1906 . .	—	—	—	—
1907 . .	—	Ct Louis CHARTRON	Albert DAMEZ	—
1908 . .	Hubert AULOIS	—	—	Louis FAIDY
1909 . .	—	—	—	—
1910 . .	—	Antoine BONDET	Louis FEYS	Guillaume NERARD
1911 . .	—	—	Philippe VERZIER	—
1912 . .	—	—	Albert DAMEZ	—
1913 . .	—	Dr Maurice VALLAS	—	—
1914 . .	Dr Maurice VALLAS	Fernand GOURDIAT	—	—
1920 . .	—	Eugène RAMEL	Jacques LEPINE	Louis BÉNÉ
1921 . .	—	—	Henri ANDRIOT	—
1922 . .	—	—	—	—

CONSEIL D'ADMINISTRATION POUR 1922

BUREAU

Année de promotion	MM.	Année de nomination
1878	VALLAS (Docteur Maurice), professeur à la Faculté de Médecine, rue Auguste-Comte, 2, *président.*	1920
1871	RAMEL (Eugène), 26, quai St-Vincent, *vice-président.*	1919
1904	ANDRIOT (Henri), Avocat, 2, rue Sainte-Hélène, *secrétaire.*	1920
1912	GENTON (Emmanuel), associé d'agent de change, 33, rue Malesherbes, *secrétaire-adjoint.*	1919
1892	BÉNÉ (Louis), Administrateur de Sociétés d'Assurances, 3, rue de la Barre, *trésorier.*	1920
1896	COTTE (Albert), 12, place Puvis-de-Chavannes, *trésorier-adjoint.*	1919

ADMINISTRATEURS

	MM.	
1885	BERENGER (Albert), 29, rueGasparin.	1919
1900	BLANC (Antoine), 37, rue Servient.	1919
1891	CHAVANNE, Fleury, (Docteur en médecine, 5, place des Cordeliers.	1919
1899	CLAYETTE (Pierre), 74, rue Vendôme.	1921
1897	DAMEZ (Albert), Avocat, 20, rue du Plat.	1920
1889	DUMONT (Paul), 115, rue Tronchet.	1920
1914	DUQUAIRE (Victor), 2, avenue de la Bibliothèque.	1921
1873	LYONNET (Charles), 19, rue de Bonnel	1921
1874	SANLAVILLE (Gabriel), 37, rue de la République.	1920
1915	VERNEY (Jean), 4, rue du Jardin-des-Plantes.	1921
1887	VERZIER (Jean), Notaire, 8, rue Lafont.	1921
1898	VIBERT (Maurice), 28, quai Arloing.	1921

ASSEMBLÉE GÉNÉRALE ANNUELLE

DU 16 DÉCEMBRE 1921

L'assemblée générale annuelle de la Société amicale des Anciens Élèves des Chartreux s'est réunie le vendredi 16 décembre 1921 à 20 heures ½ dans les salons Berrier et Millet, 31 place Bellecour.

M. le docteur Maurice Vallas présidait, assisté de MM. Louis Béné trésorier, Henri Andriot, secrétaire, Emmanuel Genton, secrétaire adjoint.

Après avoir ouvert la séance, M. le président a présenté le rapport habituel.

M. le président rappelle d'abord la cérémonie d'inauguration du monument élevé aux professeurs, anciens professeurs et anciens élèves de l'Institution morts à la guerre de 1914.

Le souvenir de cette cérémonie, qui eut lieu à l'Institution des Chartreux le 6 novembre 1921, et à laquelle un grand nombre des membres de la Société assistait, restera dans la mémoire de tous.

M. le Président rappelle que la Société Amicale avait décidé d'offrir à l'Institution ce monument commémoratif.

A l'occasion de son inauguration, s'est tenue la véritable fête de famille de notre société sous la présidence de Mgr Marnas, évêque de Clermont, et du général Debeney, commandant de l'Ecole supérieure de guerre. La présence de son Emminence le cardinal archevêque de Lyon et de nombreuses autorités, l'affluence des anciens élèves, venus de loin pour répondre à l'invitation qui leur avait été adressée, tout concourait à donner à cette réunion l'éclat et l'importance qu'elle méritait et a rendre plus émouvant l'hommage à nos morts.

Un déjeuner réunissant plus de cinq cents convives, suivit la cérémonie d'inauguration, et tint lieu de notre banquet annuel.

M. le président évoque ensuite le souvenir des membres décédés depuis la dernière assemblée : Monsieur le chanoine Penel, supérieur honoraire de la Maison des Chartreux ; MM. Guillaume Nérard ; Adrien Missol ; Joseph Berger ; Amédée Desgeorges ; Roger Ville ; Louis Valayer ; Pierre Chardenet, conseiller d'État ; Georges Gromier ; Louis Damas ; Jean Lyonnet ; Benoit Glénard ; Adrien Dorier ; Paul Thivel.

M. le chanoine Penel, ancien supérieur des missionnaires des Chartreux, d'abord professeur, puis directeur des études de l'Institution, enfin supérieur général, dont l'intelligence et la rare culture égalèrent la hauteur d'âme, exerça une lumineuse et bienfaisante influence sur toutes les générations d'élèves qui ne pouvaient l'approcher sans l'admirer et l'aimer.

M. Guillaume Nérard qui, pendant dix années, avait bien voulu tenir dans la société les fonctions de trésorier, nous était enlevé par une mort soudaine, il y a près d'un an. Il serait impossible d'oublier quelle part importante il avait toujours prise au développement et à la prospérité de notre société. Le bureau de la société ressent de cette perte un chagrin peut-être un peu égoïste, mais il tient à donner à Guillaume Nérard, dans cette réunion, un nouveau témoignage de sa reconnaissance.

MM. Missol, Berger et Desgeorges, tous les trois de la plus ancienne promotion, 1853, étaient parmi nous des anciens, fidèles à nos réunions. Notre société présente à leurs familles ses respectueuses condoléances.

M. le président demande ensuite à l'assemblée d'approuver les décisions suivantes, que le conseil d'administration avait dû prendre sous sa responsabilité depuis la dernière assemblée :

Le conseil d'administration a pensé pouvoir mettre à la charge exclusive de la Société Amicale des anciens élèves les frais du monument commémoratif élevés à nos morts. Sans doute cette dépense est importante, elle dépasse 11.000 francs. Mais d'une part les demandes de secours ont été particulièrement rares cette année. D'autre part, le budget de l'Institution ne pouvait faire façe à ces frais, tandis que nos ressources sont suffisantes et il n'a pas paru au conseil qu'il puisse en être fait meilleur emploi que d'en consacrer une partie à conserver et à glorifier le souvenir de nos morts.

Le conseil d'administration a pensé de même que la Société amicale pourrait conserver à sa charge les frais de la cérémonie d'inauguration et des invitations officielles faites à cette occasion, d'autant plus que le déjeuner de ce jour a remplacé notre banquet annuel, qui chaque année est pour la société une source de dépenses.

Enfin il a paru au Conseil d'administration qu'il pourrait être agréable au corps professoral de l'Institution de recevoir de la Société Amicale quelques ressources intellectuelles supplémentaires sous la forme d'une subvention de mille francs à affecter à l'achat de livres ou revues pour leur bibliothèque. Cette subvention ne serait pas annuelle, elle serait accordée cette année sans engagement pour les années suivantes.

Sur tous ces points, l'assemblée générale aura à se prononcer tout à l'heure.

M. le président donne la parole à M. Béné, trésorier, pour la lecture de son compte rendu financier.

Compte rendu financier de M. Béné, Trésorier

Mes chers camarades,

Je vais vous présenter, comme chaque année, les deux situations soumises à votre approbation, situation financière et portefeuille.

SITUATION FINANCIÈRE AU 30 NOVEMBRE 1921

Recettes

En caisse au 30 novembre 1920	304 05
En dépôt —	3.895 56
28 souscriptions à vie	2.800 »
165 — annuelles	2.475 »
140 cotisations au banquet du 4 décembre 1920	3.500 »
202 — — 6 novembre 1921	5.050 »
Coupons et intérêts	2.894 14
Bons de la Défense nationale non renouvelés	9.000 »
Total	29.918 75

Dépenses

Secours à divers	550 »
Banquet du 4 décembre 1920	5.269 »
Banquet du 6 novembre 1921	6.675 »
Service financier et timbres	463 50
Imprimés	999 »
Prix des anciens élèves	300 »
Souscriptions à diverses sociétés	125 »
Plaques des Morts de la guerre	11.840 »
En dépôt au 30 novembre 1921	3.322 20
En caisse —	375 05
Total	29.918 75

Intérêts et coupons

Rente française 3 %	1.579 »
— 4 %	900 »
Obligations Ouest-Etat	196 56
— Dombes nouvelles	60 25
Bons défense nationale	42 »
Intérêts des comptes de dépôts, frais déduits	116 33
Total	2.894 14

Portefeuille au 30 novembre 1921

1.579 Rente française 3 %	à 54.90	28.895 70
900 — 4 % 1918	à 65.25	14.681 25
12 obligations Ouest-Etat	à 317 »	3.804 »
5 — Dombes nouvelles	à 261 »	1.305 »
Caisse d'épargne		1.327 53
Soldes en banque		1.994 67
Solde en caisse		375 05
		52.383 20

Mes chers camarades,

La situation de notre portefeuille que je viens de vous présenter fait ressortir une perte de 11.074 fr. 91 sur celle de l'année dernière.

Cette perte provient d'une dépréciation de 1.572 fr. 55 sur la valeur de nos titres par suite de la baisse des cours, du non renouvellement de 9.000 francs de bons de la Défense nationale et d'une réduction de 502 fr. 36 sur les fonds en dépôt ou en caisse.

Il est toujours pénible pour un trésorier d'avouer un déficit, mais aujourd'hui la peine que je pourrais éprouver est bien atténuée par les justifications que j'ai à vous donner.

Notre déficit ne provient pas de nos recettes. Les cotisations ordinaires ont atteint un chiffre supérieur à celui de l'année dernière ; nous avons reçu l'adhésion de 18 nouveaux souscripteurs à vie et 10 camarades déjà membres ordinaires se sont fait inscrire comme membres à vie.

Mais aux dépenses, si le chiffre des secours distribués est encore plus réduit que l'année précédente, nous avons eu cette année une plus importante dépense en imprimés, provenant du compte rendu annuel, qui n'avait pas été publié depuis 1913. Nous avons eu deux banquets, et nous avons eu surtout une dépense exceptionnelle atteignant 11.840 francs, que votre conseil d'administration a engagée, en prenant à la charge de votre société les plaques de marbre placées à l'Institution, pour perpétuer le souvenir de nos camarades morts pour la France.

Votre conseil n'aurait-il pas respecté le texte de vos statuts en engageant une dépense dont l'objet ne serait pas absolument conforme à celui qui est défini par l'article 3 des statuts et dont l'importance dépasse de beaucoup nos ressources annuelles ?

Il n'a pourtant pas hésité à le faire, certain que sa décision ne pourrait pas être critiquée et que vous l'approuveriez.

Vous estimerez que non seulement il pouvait, mais qu'il devait, même au risque de diminuer votre capital, rendre un pieux hommage à la mémoire de nos chers morts.

Vous estimerez, puisque l'un des objets de notre société est d'exercer une influence salutaire sur les élèves actuels, que vous ne pouvez mieux l'exercer qu'en édifiant un monument leur rappelant la grandeur du sacrifice de leurs devanciers.

C'est donc avec confiance que je soumets à votre approbation les situations dont je vous ai donné lecture.

Ce compte rendu est approuvé à l'unanimité.

M. le président met ensuite aux voix les résolutions relatives aux frais d'érection du monument aux Morts de l'Institution, aux frais de la cérémonie d'inauguration de ce monument et à la subvention en faveur de la bibliothèque des professeurs.

Elles sont adoptées à l'unanimité.

M. le président indique ensuite à l'assemblée que certains membres du conseil d'administration sont à fin de mandat, ce sont :

MM. Paul Bertoye, Pierre Brossette, Louis Defay, Jacques Lépine, Laurent Manhès, Georges Tresca.

Conformément à l'article 8 des statuts, il doit être pourvu à leur remplacement.

L'assemblée élit à mains levées :

MM. Pierre Clayette, Victor Duquaire, Charles Lyonnet, Jean Verney, Jean Verzier, Maurice Vibert, administrateurs pour trois ans.

M. le président remercie au nom de la société les administrateurs à fin de mandat du concours qu'ils ont bien voulu apporter au conseil et souhaite la bienvenue aux administrateurs nouveaux.

La séance est ensuite levée.

Et la réunion se prolonge en un thé amical qui a réuni tous les anciens élèves venus à l'assemblée.

MORTS POUR LA FRANCE

1870-1871

Avril, Emile.
Bohrer de Kreuznach, Raoul.
Brisson, Léon.
Charrin de Nety, Eugène.
Collomb, Auguste.
Courrat, Louis.
Crozet de Lafay, Georges.
Humbert, Philippe.
Mayet, Benjamin.
Morand de Jouffrey, Alfred.
Neyron, Charles.
Neyron, Lucien.
Ponchon de Saint-André, Emmanuel.
Rabatel, Joseph.
Ramolino, Napoléon.
Sauzet, Paul.

1914-1920

Abbé Jacoby, professeur.
Abbé Bouchet, ancien professeur.
Abbé Brachet, ancien professeur.
Arles, Henri.
Aulois, Louis.
Avril, François.
Balay, Félix.
De Barjac, Joannès.
De Barral d'Arènes, Joseph.
Barthomeuf, Joannès.
Barthomeuf, Victor.
Beaudet, Pierre.
Bérenger, Auguste.
Bertoye, Maurice.
Bertry, Jean.
Besançon, Joannès.
Blanchon, Charles.
Blaud, Jean.
Boissonnet, Joseph.
Bondet, Amédée.
De Bonneville, Camille.
Bonnier, Eugène.
Bouchard, Jean.
Branciard, Antoine.
Breghot du Lut, Gabriel.
Breghot du Lut, Jean.
Breghot du Lut, Joseph.
De Brion, Pierre.
Brun, Léon.
Cambon, André.
Cecillon, Léon.
Celer, Augustin.
Chandon, Marcel.
Chanrion, Henri.
Chautard, Xavier.
Chavanon, Joseph.
Cochaud, Pierre.
Conrieu, André.
Crépet, Jacques.
Curnier, Pierre.
Dalin, Charles.
Dalin, Georges.
Damez, Paul.
Déchelette, André.
Demesmay, Emile.
Desplagnes, Louis.
Deville, Louis.
Deville, Philippe.
Dime, Joseph.
Dolbeau, Marcel.
Dorier, Augustin.
Drillon, Louis.
Dubost, Pierre.
Dumoulin, Louis.
Duport, Pierre.
Durieux, Jean.
Favel, Georges.
De la Fay, Guy.
De la Fay, Robert.
Feys, Louis.
Finet, Joseph.
Frachon, Camille.
Frachon, Louis.
Frachon, Paul.
Gantheret, René.
Gantillon, Pierre.
Gay, Georges.
Gérin, Pierre.
Giralt, Michel.
Giraud, Laurent.
Giroud, Jean-Baptiste.
Gorse, Pierre.
Des Gouttes, Alain.
Grassy, Louis.
Gresy, René.
Guerry, Félix.
Guillermain, Henri.
Guillermet, Georges.
De l'Harpe, Frédéric.
Hauger, Etienne.
Jury, Irénée.
Laffay, Hippolyte.
Lambert, Jean.
De Lamothe, François.
Lépine, Charles.
Lépine, Georges.
Le Henaff, Joseph.
Madinier, Claude.
Madinier, Pierre.
Manhès, Antoine.
Marconnet, Maximilien.
Marnas, Antonin.
Marze, Marcel.
Mège, René.
Menut, Georges.
Million, Robert.
Mital, Paul.
Moncorgé, René.
Morel, Paul.
Mourier, Alexandre.
Navaizard, Jean.
Pagnon, Georges.
Pagnon, Paul.
Perras, Maurice.
Perrier, Henri.
Philippe, Alfred.
Philippe, François.
Piaton, Paul.
Pignaud, Pétrus.
Planche, Emile.
Rabatel, Pierre.

RAMBAUD, Michel.
RAMBAUD, Paul.
RAMEL, Camille.
RAMEL, Georges.
REGGIO, Georges.
RÉMY, Léon.
RÉVILLON, André.
RIBOLLET, Pierre.
RICHARD, Albert.
RICHARD, Henry.
RIVE, André.
ROCHE, Francisque.
DE LA ROCHETTE, Ferdinand.
ROFFAT, Antoine.
RUAS, Max.
SABRAN, Robert.
SAGE, Maurice.
DE SAINT-GENYS, Pierre.
SATIN, Laurent.
SAUDINO, Jean.
SEGUIN, Ferdinand.
SERVILLE, Gaston.
TABOURNEL, Fernand.
TABOURNEL, Raymond.
TARDY, Auguste.
THIVEL, Georges.
VAESEN, Paul.
VALETTE, Noël.
VALLIER, Gabriel.
VERNEY, Léon.
VERNY, Paul.
VETTER, Adrien.
VIDON, Raoul.
VITTE, Joseph.
VOISIN, Pierre.
DE WILLERMIN, Henri.

SOUSCRIPTEURS PERPÉTUELS

* 1850 ARMAND, Louis.
* 1873 AUBERT DE LA CASTILLE.
* 1860 AYNARD, Charles.
1882 AYNARD, Adolphe.
1916 BADOR, Georges.
* 1884 BALAY, Félix.
1869 BALAY, Jean.
1882 BALAY, Lucien.
* 1870 BELLON, André.
* 1852 BERGER, Etienne.
* 1853 BERGER, Joseph.
1875 BERTOYE, Georges.
* 1878 BERUJON, Paul.
* 1865 BOUVARD, Jules.
* 1875 BRETON, David.
* 1894 CELER, Augustin.
* 1870 CHAMBEYRON, L.
* 1865 CHAMBON, Marius.
1868 CHAMP, Gaston de.
* 1858 CHASTEL, Paul.
1872 CHAVENT, François.
* 1858 CHEVALARD, J. du.
1894 CIVATTE, Achille.
* 1876 CREPET, Victor.
* 1890 CURNIER, Pierre.
* 1893 DAMAS, Louis.
1880 DÉCHELETTE, Gabriel.
1892 DÉCHELETTE, Albert.
1864 DENOYEL, Antonin.
* 1873 DESCOURNUT, Joseph.
1874 DESCOURNUT, Augustin.
* 1853 DESGEORGES, Al.
* 1854 DESGEORGES, Amédée.
* 1864 DORIER, Adrien.
1865 DUGUEYT, Henri.
* 1870 DUPORT, Emile.
1907 DUPORT, Jean.
1861 EYMARD, Gaston.
1864 EYMARD, Hugues.
* 1853 EYMARD, René.
* 1863 FAVERIO, Ferdinand.
1879 FAVRE-GILLY, Paul.
1880 FAVRE-GILLY, Georges.
1888 FAVRE-GILLY, Emile.
1892 FAVRE-GILLY, André.
1898 FAVRE-GILLY, abbé Armand.
* 1856 FAYET, Fleury.
1893 FEITU, René.
* 1865 FESSY, André.
1882 FINET, Ludovic.
1897 FRACHON, Jean.
1871 FRANC, Alexandre.
1876 FRANC, Lucien.
1901 FRANC, Victor.
* 1876 GALLE, Charles.
* 1862 GAUDET, Anthelme.
* 1861 GAUDET, Joseph.
1861 GAUDET, Narcisse.
1860 GILLET, Joseph.
1882 GILLIER, Claudius.
1882 GIRARDON, Louis.
1869 GIRARDON, Pierre.
* 1871 GIRAUD, Paul.
* 1856 GIRAUD, Victor.
1897 GIRERD, Alfred.
* 1857 GIRODON, Alfred.
* 1866 GIRODON, Aplhonse.
* 1861 GIRODON, Fernand.
* 1857 GIRODON, abbé Paul.
* 1853 GIRODON, Victor.
* 1856 GODINOT, Charles.
* 1870 GOURD, Paul.
* HYVRIER, abbé François, ancien Supérieur de l'Institution.
1861 IMBERT, Louis.
* 1869 LACOMBE, Alfred.
* 1879 LACROIX-DESCOURS, P.-L.
1866 LALOUETTE, Victor.
* 1855 LOMBARD DE BUFFIÈRES, Hermann.
* 1862 LOUIS, Etienne.
* 1859 LOUVIER, Aimé.
* 1861 LUPIN, René.
1864 MAGNEVAL, Gabriel de.
1864 MANHÈS, Louis.
* 1853 MARTHOUD, abbé Louis.
1877 MARNAS, Mgr Francis.
1878 MARREL, Henri.
1863 MARTIN, Albert.
* 1858 MASSARD, Albert.
* 1878 MASSON, André.
1862 MAUVERNAY, Léon.
* 1850 MICHAUD, Pierre.
* 1884 MOMAIN, Antoine.
* 1868 MONNIER, Paul.
1878 MOUISSET, Frédéric.
1876 MOUISSET, Joseph.
1882 MOYNE, Victor.
* 1885 ŒUF, Albert.
* 1905 PERDRIX, Camille.
* 1863 PIGNATEL, Aug.
1902 POIZAT, Henri.
1870 PRANDIÈRES, René de.
1881 RAMBAUD, abbé Antoine.
* 1847 RAMBAUD, Jean-Franç.
1880 RAMBAUD, Henri.
1871 RAMEL, Eugène.
* 1845 RENARD, Joseph.
* 1860 REPELIN, Auguste.
* 1894 RESSICAUD, Louis.
* 1872 RIBOUD, Léon.
1865 RICHARD, Ernest.
1861 RICHARD, général Fleury.
1882 ROUX, Ferdinand.
* 1855 SABRAN, Hermann.
1856 SAUZET, Paul.
* 1886 SEGUIN, Louis.
1865 TEILLARD, Etienne.
* 1847 THIBAUD, Bruno.
* 1856 THIBAUD, Jean-Louis.
1876 THIVEL, Paul.
* 1865 TOURRET, Alph.
* 1870 TOURRET, Jean.
1876 TRESCA, Georges.
* 1861 VADON, Antony.
1864 VADON, Camille.
1895 VADON, Albert.
* 1840 VETTARD, chanoine Emmanuel.
* 1877 VIGNON, Eugène.

NOTA. — Les noms précédés d'un signe * sont les noms des souscripteurs décédés.

LISTE GÉNÉRALE

par ordre alphabétique

DES MEMBRES DE L'ASSOCIATION

Arrêtée au 1er mai 1922

La mention S. P. désigne les souscripteurs perpétuels, la mention S. V. les souscripteurs à vie.

Année de Promotion

1905 ALIROL, Hippolyte, S. V., place du Breuil, 15, Le Puy (Haute-Loire).
1917 ALIROL, Georges, S. V., place du Breuil, 15, Le Puy (Haute-Loire).
1869 ALLARD, Prosper, S. V., maison Descours, Cabaud et Cie, rue Saint-Jacques, 2, Anvers (Belgique).
1888 ANCEL, Gustave, S. V., place des Jacobins, 1, Lyon.
1916 ANCEL, Alfred, S. V., place des Jacobins, 1, Lyon.
1921 ANCEL, Joseph, S. V., place des Jacobins, 1, Lyon.
1904 ANDRIOT, Henri, S. V., avocat, rue Sainte-Hélène, 2, Lyon.
1869 ANDRUÉJOL, Gabriel, président honoraire de Cour d'appel, avenue Bosquet, 40, Paris.
1892 ANNAT, Frédéric, rue des Ternes, 6, Paris.
1913 ARLES, Henri, S. V., rue de l'Aiguillerie, 30, Montpellier (Hérault).
1910 AUBERT, Léon, S. V., rue Gambetta, 22, Roanne (Loire).
1887 AUCLAIR, Joseph, rue Gay-Lussac, 15, Paris.
1883 AULOIS, Hubert, avocat, rue de Berri, 5 *bis*, Paris.
1880 AUZÉPY, Clément, S. V., ancien notaire, Pont-Saint-Esprit (Gard).
1884 AVRIL, Henri, S.V., curé de Chamelet (Rhône).
1917 AZAÏS, Georges, S. V., Saint-Pons (Hérault).
1882 AYNARD, Adolphe, S. P., quai Saint-Clair, 11, Lyon.
1916 BADOR, Georges, S P., rue du Général-Foy, 2, Saint-Étienne (Loire).
1869 BALAY, Jean, S. P., directeur de la compagnie d'assurance « Le Nord », rue de la République, 10, Lyon.
1880 BALAY, Charles, artiste peintre, rue de Siam, 5, Passy (Seine).
1882 BALAY, Lucien, S. P., lieutenant-colonel, rue des Sablons, 38, Paris.
1885 BALAY, Gabriel, Château-des-Rayons, Meylieu-Montrond (Loire).
1903 BALLEYDIER, Louis, S. V., rue du Garet, 11, Lyon.
1917 BALME, Louis, Villa Lalier, avenue de Chabeuil, 1, Valence (Drôme).
1890 BALOUZET, Paul, rue de la République, 23, Saint-Etienne (Loire).
1899 BARATIER, Charles, S. V., avoué, Trévoux (Ain).
1919 BARBIER, Jean, quai des Brotteaux, 11, Lyon.
1869 BARLET, Eustache, S. V., rue Paul-Bert, 12, Saint-Etienne (Loire).
1884 DE LA BAUME DU PUY-MONTBRUN, Marquis, S. V., Montboucher-sur-Jabron (Drôme).
1912 BEAU, Barthélemy, S. V., rue Philippe-Gonnard, 17, Lyon.
1913 BEAUPÈRE, Louis, S. V., Salornay-sur-Guye (Saône-et-Loire).
1914 BEAUPÈRE, Jean, S. V., Salornay-sur-Guye (Saône-et-Loire).
1890 BÉCHETOILLE, Antoine, rue du Garet, 11, Lyon.
1899 BÉGUET, Louis, S. V., La Palisse (Allier).
1913 BELLEVILLE, Ambroise, grande rue, Moutiers (Savoie).
1909 DE BELSUNCE, Roger, S. V., avocat, rue Estelle, 12, Marseille.
1892 BÉNÉ, Louis, S. V., administrateur de Société d'Assurance, rue de la Barre, 3, Lyon.

1903 BÉRAUD, Camille, greffier en chef du Tribunal de commerce, Clermont-Ferrand (Puy-de-Dôme).

1885 BÉRENGER, Albert, S. V., industriel, rue Gasparin, 29, Lyon.

1889 BÉRENGER, Camille, S. V., Vaugneray (Rhône).

1891 BÉRENGER, Maurice, S. V., filateur, Livron (Drôme).

1897 BÉRENGER, Aymard, S. V., industriel, rue Alphonse-Fochier, 7, Lyon.

1878 BERGASSE, Paul, S. V., avocat, rue Montgrand, 22, Marseille.

1915 BERMÈS, Marcel, rue de la Martinière, 27, Lyon.

1904 BERNARD, Auguste, quai des Brotteaux, 14, Lyon.

1883 BERTHAUD (Baron), château de Farges, col des Echarmeaux (Rhône) et cours Morand, 9, Lyon.

1873 BERTHAUD, Hippolyte, rue Jarente, 27, Lyon.

1893 BERT, Léon, S. V., inspecteur divisionnaire du P.-L.-M., Clermont-Ferrand (Puy-de-Dôme).

1917 BERTHÉAS, Jean, S. V., place du Peuple, 29, Saint-Etienne (Loire).

1883 BERTHOLLET, Louis, S. V., rue Montaigne, 36, Paris.

1919 BERTONNIER, Henri, chez Mlle Robert, rue du Plat, 30, Lyon.

1873 BERTOYE, Emile, cours Morand, 29, Lyon.

1878 BERTOYE, Henri, S. V., docteur en médecine, rue des Maisons-Neuves, 81, Villeurbanne (Rhône).

1905 BERTOYE, Paul, S. V., docteur en médecine, place Morand, 13, Lyon.

1875 BERTOYE, abbé Georges, S. P., rue Bayard, 5, Paris.

1881 BEYLIER, Charles, S. V., ingénieur, place de l'Etoile, 2, Grenoble.

1904 DE BEZ DE VILLARS, André, place Alexandre-Labadié, 21, Marseille.

1903 BIDREMAN, Léon, quai Saint-Vincent, 21, Lyon.

1897 BIÉ, Marcel, S. V., quai d'Occident, 6, Lyon.

1888 BILLIOUD, Victor, S. V., avenue de la Bibliothèque, 3, Lyon.

1906 BIOT, René, S. V., docteur en médecine, rue Alphonse-Fochier, 4, Lyon.

1909 BLACHÈRE, Bernard, S. V., rue Saint-Denis, 131, Paris.

1892 BLANC, Victor, S. V., métaux, avenue Alsace-Lorraine, 32, Grenoble (Isère).

1900 BLANC, Antoine, S. V., rue Servient, 37, Lyon.

1903 BLANC, Marcel, rue Fantin-Latour, Grenoble (Isère).

1906 BLANC, Marcel, S. V., attaché à la Banque de France, Toulon (Var), et château de Bonne, Gap (Hautes-Alpes).

1917 BLANC, Emile, S. V., quai d'Occident, 1, Lyon.

1918 BLANC, Georges, S. V., quai d'Occident, 1, Lyon.

1885 DE BLESSON, Jean, rue Sylvabelle, 67, Marseille.

1915 DE BOISSIEU, Henri, S. V., avenue de Noailles, 54, Lyon.

1917 DE BOISSIEU, Georges, S. V., avenue de Noailles, 54, Lyon.

1919 DE BOISSIEU, André, S. V., avenue de Noailles, 54, Lyon.

1919 DE BOISSIEU, René, S. V., avenue de Noailles, 54, Lyon.

1890 BOLON, Louis, ingénieur, place Marengo, 6, Saint-Etienne (Loire).

1880 BONDET, Antoine, S. V., rue Sainte-Hélène, 41, Lyon.

1919 BORNAND, Louis, S. V., Nantua (Ain).

1914 BORY, Louis, place Mi-Carême, 9, Saint-Etienne (Loire).

1897 BOUCHET, Claudius, S. V., négociant en vins, rue Vaugelas, 29, Annecy (Haute-Savoie).

1892 BOUDOT, Henri, ingénieur, rue du Plat, 12, Lyon.

1903 BOURGOGNE, Jean, S. V., Saint-Uze (Drôme).

1896 BOUSQUET, Adrien, avocat, rue Paradis, 68, Marseille.

1873 BOUTEILLE, Augustin, rue Louis-Vitet, 3, Lyon.

1890 BOUTRY, Charles, S. V., lieutenant-colonel, sous-chef de l'état-major du XIVe corps, rue Jarente, 17, Lyon.

1904 BOUTRY, Gabriel, La Palisse (Allier).

1894 BRÉCHARD, Henri, S. V., rue Brison, 13, Roanne (Loire).

1872 BRET, François, rue de la République, 45, Lyon.

1882 BRETON, Hilaire, quai Saint-Vincent, 41, Lyon.

1913 BRÉZUN, René, S. V., rue d'Oran, 5, Lyon.

1906 DE BRION, Jean, S. V., au Mas des Roses, par Château-Renard (Bouches-du-Rhône).

1886 BRISSON, Franck, S. V., rue Désirée, 19, Lyon.

1918 BRISSON, André, rue Désirée, 19, Lyon.

1909 BRISSON, Francisque, rue Emile-Zola, Rouen, Sotteville.

1884 BROSSET-HECKEL, Edouard, S. V., rue Auguste-Comte, 4, Lyon.

1874 BROSSET-HECKEL, Maurice, avenue de Noailles, 56, Lyon.

1897 BROSSETTE, Pierre, S. V., place Bellecour, 21, Lyon.

1896 BROUSSET, Ernest, rue de la Révolution, 19, Cette (Hérault).

1889 BRUYAS, Guillaume, quai des Célestins, 5, Lyon.

1891 DE BRYE, Clément, docteur en médecine, Saint-Ouen (Seine).

1910 BUJADOUX, Antoine, S .V., rue du Plat, 11, Lyon.

1916 BUREL, Jean, S. V., quai Saint-Vincent, 30, Lyon.

1870 CAMBON, Victor, ingénieur, rue de Lyon, 6, Paris.
1920 CAMPS, Léon, S. V., impasse J.-J.-Rousseau, 3, Perpignan.
1901 CANET, Pierre, S. V., avenue de Saxe, 112, Lyon.
1896 CARRON, Nicolas, S. V., gérant d'immeubles et de portefeuilles, rue de la République, 6, Lyon.
1919 CARTERON, Pierre, S. V., rue Gambetta, 18, Saint-Etienne (Loire).
1917 CASABIANCA, Charles, rue Emile-Guigues, 2, Embrun (Hautes-Alpes).
1918 CASTANIER, Léopold, boulevard de la République, 4, Nîmes.
1918 CASTEL, Marcel, S. V., avenue Thiers, 1, Grasse (Alpes-Maritimes).
1907 CAZENEUVE, Jean, S. V., cours de la Liberté, 10, Lyon.
1911 CHABERT, René, S. V., rue Lafayette, 8, Marseille.
1909 CHALÉAT, Marcel, S. V., Bourg-de-Péage (Drôme).
1868 DE CHAMP, Gaston, S. P., rue Auguste-Comte, 31, Lyon.
1900 CHAMPROMIS, Marc, S. V., rue Cuvier, 20, Roanne (Loire).
1872 CHAMUSSY, Léon, ingénieur, rue Saint-Alexandre, 9, Lyon.
1910 CHANDON, Jean, S. V., château de Rabutin, Changy, par Charolles (Saône-et-Loire).
1915 DE CHANSIERGUES ORNANO, vicomte Amaury, S. V., rue Saint-Etienne, 17, Avignon (Vaucluse).
1895 CHARAMAULE, Maurice, S. V., château de Roussan, Saint-Rémy-de-Provence.
1882 DE CHARPIN-FEUGEROLLES, vicomte Alexis, S. V., château de Pierreux, Odenas, par Belleville-sur-Saône (Rhône).
1873 CHARTRON, Louis, commandant, S. V., rue de Bonnel, 7, Lyon.
1905 CHARTRON, Etienne, S. V., rue de Bonnel, 7, Lyon.
1901 CHARVET, Aimé, place Marengo, 5, Saint-Etienne (Loire).
1887 CHATELUS, Michel, S. V., docteur en médecine, cours Lafayette, 132, Lyon.
1898 CHATELUS, Paul, S. V., ingénieur, avenue Félix-Faure, 216, Lyon.
1888 CHATIN, Emile, S. V., maison Rossia, place de la Loubianka, app. n° 3, Moscou.
1900 CHAUNIER, Auguste, S. V., avocat, rue Auguste-Comte, 24, Lyon.
1886 CHAUSSAT DE MONTBURON, Edouard, rue de la Caserne, Bourg (Ain).
1891 CHAVANNE, Fleury, S. V., docteur en médecine, place des Cordeliers, 5, Lyon.
1896 CHAVANNE, Joseph, S. V., notaire, Neuville-sur-Saône (Rhône).
1871 CHAVENT, Henri, S. V., rue Alphonse-Fochier, 5, Lyon.
1872 CHAVENT, François-Eugène, S. P.
1890 CHAVENT, André, quai de Retz, 2, Lyon.
1893 CHAVENT, Joseph, S. V., place Morand, 11, Lyon.
1919 CHAVENT, Maurice, S. V., place Morand, 11, Lyon.
1902 CHAVENT, Jacques, quai de Retz, 2, Lyon.
1876 CHOMEL, Augustin, S. V., architecte, cours des Chartreux, 33, Lyon.
1906 CHOMEL, Antonin, S. V., rue Constantine, 2, Lyon.
1913 CHOMEL, Paul, S. V., cours des Chartreux, 33, Lyon.
1892 CIBAUD, Louis, professeur au Lycée, Riorges, près Roanne (Loire).
1911 CITRON, Julien, Genas (Isère).
1894 CIVATTE, Achille, S. P., docteur en médecine, rue de la Néva, 8, Paris.
1873 CLARET, Emile, colonel, rue Vaugirard, 61, Paris.
1899 CLAYETTE, Pierre, S. V., rue Vendôme, 74, Lyon.
1902 CLAYETTE, Jean, rue Philippe-de-la-Salle, 24, Lyon.
1904 CLÉCHET, Abbé Jean, vicaire à Villeurbanne (Rhône).
1879 CLERC, Joannès, S. V., place de la Comédie, 27, Lyon.
1914 CLERC, Pierre, rue d'Enghien, 25, Lyon.
1897 COCHARD, Albert, S. V., avenue Ledru-Rollin, 81, Paris.
1906 COCHARD, Claude, lieutenant compagnie 13/7 T. E. M., Marrakech (Maroc).
1917 COCHET, Ernest, S. V., place d'Ainay, 4, Lyon.
1882 COLLIN-DUFRESNE, Marcel, avocat, quai de France, 6, Grenoble.
1919 DE COLLONGUE, Guy, S. V., Sathonay-Village (Ain).
1907 COLRAT, Adolphe, S. V., quai Jules-Courmont, 9, Lyon.
1915 COMBET, Auguste, place de la Martinière, 12, Lyon.
1916 COMBET, Paul, place de la Martinière, 12, Lyon.
1901 COMTE, Henri, S. V., notaire à Chalon (Saône-et-Loire).
1888 CONGE, Ernest, S. V., quai de Bosc, 53, Cette.
1880 CONVERT, Gustave, Oyonnax (Ain).
1917 CONVERT, Henri, Genève (Suisse).
1919 CONVERT, Louis, Jasseron, par Ceyzériat (Ain).
1893 CORNU, Alfred, La Charrière, Civrieux-d'Azergues (Rhône).
1913 CÔTE, Alexandre, Le Mont, Saint-Etienne (Loire).
1913 CÔTE, Marcel, Le Mont, Saint-Etienne (Loire).
1896 COTTE, Albert, S. V., place Puvis-de-Chavannes, 12, Lyon.

1897 Cotte, Gaston, S. V., chirurgien des Hôpitaux, avenue de Saxe, 69, Lyon.
1900 Cotte, Pierre, S. V., rue Montgolfier, 16, Lyon.
1912 Courtinat, Camille, S. V., Villa des Pelouses, Le Vernay, Caluire (Rhône), et Saïgon.
1886 Croizat, Albert, S. V., avenue de Saxe, 86, Lyon.
1917 Cros, Louis, Pierre-Bénite (Rhône).
1917 Cros, Aimé, Pierre-Bénite (Rhône).
1898 Crozet, Louis, avoué, rue de la Trémouille, 1, Chalon-sur-Saône.
1888 Cuchet, Gabriel, Aubenas (Ardèche).
1887 Cuisson, Victor, S. V., avoué, rue Gambetta, 23, Saint-Etienne (Loire).
1904 Dalin, Jules, S. V., Saint-Julien-Molin-Molette (Loire).
1909 Dalin, Gabriel, S. V., place de la Miséricorde, 2, Lyon.
1875 Damez, Etienne, S. V., rue du Plat, 20, Lyon.
1897 Damez, Albert, S. V., avocat, rue du Plat, 20, Lyon.
1880 Damour, Henry, S. V., rue Paul-Chenavard, 10, Lyon.
1888 Damour, Alphonse, S. V., avoué au Tribunal, place Meissonnier, 1, Lyon.
1889 Damour, Eugène, S. V., associé d'agent de de change, place Bellecour, 35, Lyon.
1913 Damour, Pierre, S. V., quai d'Occident, 5, Lyon.
1914 Damour, Jean, S. V., quai d'Occident, 5, Lyon.
1919 Damour, Georges, S. V., quai d'Occident, 5, Lyon.
1917 David, Albert, Nantua (Ain).
1875 Debeney, Gabriel, S. V., Bourg (Ain).
1882 Debeney, Eugène, S. V., général, commandant l'école supérieure de guerre, Paris.
1907 Debeney, Marcel, S. V., rue Mazard, 4, Lyon.
1892 Debilly, Claudius, Chessy-les-Mines (Rhône), et rue de la Part-Dieu, 67, Lyon.
1880 Déchelette, Gabriel, S. P., négociant, rue Brison, 8, Roanne (Loire).
1881 Déchelette, Camille, S.V., Coutouvre (Seine) et rue Brison, 31, Roanne (Loire).
1882 Déchelette, Jean, négociant, rue Brison, 8, Roanne (Loire).
1882 Déchelette, Joannès, S. V., Montagny (Loire).
1885 Déchelette, Maurice, rue Beaulieu, 7, Roanne (Loire).
1892 Déchelette, Albert, S. P., rue d'Albon, 16, Roanne (Loire).
1898 Déchelette, François, S. V., rue du Phénix, 10, Roanne (Loire).
1913 Déchelette, Louis, S. V., rue Beaulieu, 7, Roanne (Loire).
1911 Déchelette, Yves, S. V., rue d'Algérie, 6, Lyon.
1879 Decouz, baron Léon, S. V., Francin, par Montmélian (Savoie).
1899 Defay, Paul, S. V., rue du Lycée, 58, Roanne (Loire).
1900 Defay, Louis, S. V., avoué au Tribunal, rue de la République, 28, Lyon.
1871 Delphin, Edmond, S. V., administrateur de la Société marseillaise de Crédit, Marseille.
1864 Denoyel, Antonin, S. P., Odenas (Rhône).
1905 Descharrières, Léon, rue des Prêtres, 4, Lyon.
1913 Descombes, Albert, rue Thomassin, 38, Lyon.
1874 Descournut, Augustin, S. P., ingénieur principal à la compagnie P.-L.-M., en retraite, Eden-Parc, Le Canet (Alpes-Maritimes).
1900 Descournut, Henri, S. V., place Saint-Jean, 2, Lyon.
1882 Desplagnes, Marc, architecte, place de la Bourse, 2, Lyon.
1901 Deveraux, Antoine, S. V., rue de la République, 11, Lyon.
1904 Deveraux, Gabriel, S. V., architecte, avenue de Noailles, 27, Lyon.
1920 Deville, Pierre, rue Praire, 21, Saint-Etienne (Loire).
1895 Dorier, Paul, S. V., place Gailleton, 3, Lyon.
1906 Dorier, Joseph, S. V., place Gailleton, 3, Lyon.
1907 Dorier, Louis, S. V., place Gailleton, 3, Lyon.
1896 Drevon, Pierre, S. V., docteur en médecine, rue Dugas-Montbel, 12, Saint-Chamond (Loire).
1900 Drevon, Eugène, S. V., rue d'Amboise, 10, Lyon.
1883 Dubois, Jules, S. V., rue Gay-Lussac, 30, Paris.
1886 Dubost, Joseph, S. V., avenue de Noailles, 45, Lyon.
1862 Du Bourg, Gontran, Château-Double, par Chabeuil (Drôme).
1897 Dubu, Georges, rue Pierre-Corneille, 117, Lyon.
1917 Duchamp, Hubert, S. V., rue du Plat, 12, Lyon.
1890 Dugrip, Charles, quai de l'Avenir, 18, Cette.
1890 Dugrip, Victor, S. V., quai Vauban, 3, Cette.
1917 Ducroux, Maurice, Charolles (Saône-et-Loire).
1917 Ducroux, René, Charolles (Saône-et-Loire).
1865 Duguéyt, Henri, S. P., Le Moulinet, Voiron (Isère).
1906 Dulian, Alexandre, S. V., rue Royale, 9, Lyon.
1886 Dumond, Camille, S. V., Pont-Saint-Uze, par Saint-Uze (Drôme).
1889 Dumont, Paul, rue Tronchet, 115, Lyon.
1903 Dumont, Victor, S. V., avocat, place Puvis-de-Chavannes, 3, Lyon.
1858 Dupasquier, François, S. V., Saint-Jean-le-Priche, par Mâcon (Saône-et-Loire).
1907 Duport, Jean, S. P., rue Vendôme, 115, Lyon.

1858 Duquaire, Aymé, S. V., quai de la Bibliothèque, 25 *bis*, Lyon.
1875 Duquaire, Eugène, rue des Remparts-d'Ainay, 13, Lyon.
1914 Duquaire, Victor, S. V., avenue de la Bibliothèque, 2, Lyon.
1880 Durand, Louis, notaire, Juliénas (Rhône).
1899 Dutel, Joseph, place de la Martinière, 14, Lyon.
1892 Dutel, Etienne, S. V., fabricant de dorures, rue Thimonnier, 1, Lyon.
1915 Dutel, Louis, S. V., rue Thimonnier, 1, Lyon.
1918 Dutel, Pierre, S. V., rue Thimonnier, 1, Lyon.
1900 Enjolras, Maurice, S. V., route de Vienne, 303, Lyon.
1902 Enjolras, Fernand, chemin de Montagny, 25, Lyon.
1897 Esprit, Etienne, S. V., avoué au tribunal, rue Lafayette, Grenoble (Isère).
1918 Evrard, Jacques, S. V., banque Evrard, Mirecourt (Vosges).
1861 Eymard, Gaston, S. P., directeur de la compagnie d'assurances « La France », rue de la République, 8, Lyon.
1864 Eymard, Hugues, S. P., rue Bara, 6, Lyon.
1873 Faugier, Benoît, avocat, rue de la République, 7, Lyon.
1874 Faure, Bruno, château de Sainte-Croix, par Montluel (Ain).
1897 Faure, Claude, S. V., archiviste départemental, Annecy (Haute-Savoie).
1915 Favel, Louis, S. V., rue de la République, 77, Tarare (Rhône).
1897 Favier, Emile, S. V., rue de l'Hôtel-de-Ville, 88, Lyon.
1901 Favre, Marius, S. V., La Cordelière, Chaponost (Rhône), et place Morand, 13, Lyon.
1879 Favre-Gilly, Paul, S. P., ancien bâtonnier de l'ordre des avocats, rue Saint-Jacques, 2, Grenoble.
1880 Favre-Gilly, Georges, S. P., Directeur de la Banque de France, Lons-le-Saunier Jura).
1888 Favre-Gilly, Emile, S. P., rue Duquesne, 16, Lyon.
1892 Favre-Gilly, André, S. P., docteur en médecine, cours Morand, 29, Lyon.
1898 Favre-Gilly, abbé Armand, S. P., missionnaire, Tencin (Isère).
1909 Favre-Gilly, René, secrétaire général de la Banque de France, Paris.
1890 Fayolle, Edouard, avenue de Saxe, 135, Lyon.
1893 Feitu, René, S. P., docteur en médecine, avenue de Saxe, 227, Lyon.
1915 Ferroud, Pierre, rue Vaubecour, 13, Lyon.
1867 Fessy, Ennemond, teinturier, Saint-Etienne (Loire).
1896 Fessy, Maurice, S. V., Valfuret, Saint-Etienne (Loire).
1918 Festor, Emile, rue de Bonnel, 19, Lyon.
1882 Finet, Ludovic, S. P., joaillier, maison Beaumont, rue de la République, 17, Lyon.
1897 Fléchet, Gabriel, docteur, S. V., place de la République, 44, Lyon.
1918 Fléchet, Max, S. V., rue de Lyon, 6, Chazelles-sur-Lyon (Loire).
1919 Fléchet, René, S. V., rue de Lyon, 6, Chazelles-sur-Lyon (Loire).
1919 Forest, François, S. V., château Saint-Joseph, par Pernes (Vaucluse).
1917 Fougerat, Joseph, rue Chazière, 75, Lyon.
1889 Fournereau, Delphin, conseiller d'arrondissement, Mornant (Rhône).
1896 Fournereau, Léon, Mornant (Rhône).
1900 Fournier, Jean, S. V., rue Sommeiller, 14, Annecy.
1897 Frachon, Jean, S. P., Davézieux-lès-Annonay (Ardèche).
1903 Frachon, abbé Louis, Annonay (Ardèche).
1898 Frachon, Marcel, agent de change, rue Grenette, 9, Lyon.
1907 Frachon, Vincent, S. V., quai de Serbie, 10, Lyon.
1871 Franc, Alexandre, S. P., industriel, place Bellecour, 2, Lyon.
1876 Franc, Lucien, S. P., industriel, Saint-Rambert-en-Bugey (Ain).
1885 Franc, Gabriel, S. V., industriel, Tarare (Rhône).
1901 Franc, Victor, S. P., rue Alphonse-Fochier, 3, Lyon.
1906 Franc, Henri, S. V., place Bellecour, 2, Lyon.
1907 Franc, Adrien, S. V., La Mulatière (Rhône).
1902 François, Charles, S. V.
1905 Fulcrand, Paul-L., S. V., Montblanc (Hérault).
1888 Gaignaire, Paul, notaire, Gap (Hautes-Alpes).
1877 Galinier, Edouard, S. V., rue Dragon, 77, Marseille.
1877 Galinier, Emile, S. V., rue Saint-Jacques, 95, Marseille.
1906 Galland, Jean, quai Gambetta, 22, Chalon-sur-Saône.
1913 Galland, Louis, S. V., avenue Félix-Faure, 52, Lyon.
1905 Galle, André, chemin de Montribloud, 15, Lyon.
1906 Garon, Louis, La Tressinière, Vienne (Isère).
1891 Gas, Gustave, S. V., rue Hippolyte-Duprat, 4, Toulon.
1861 Gaudet, Narcisse, S. P., route de Carrières, 15, Chatou (Seine-et-Oise).
1895 Gaudin, Albert, S. V., notaire, Millery (Rhône).
1912 Genton, Emmanuel, S. V., associé d'agent de change, rue Malesherbes, 33, Lyon.
1915 Des Georges, Jacques, S. V., rue Dumont-d'Urville, 16, Lyon.
1916 Gérentet de Saluneaux, Gabriel, chemin de Tassin-la-Demi-Lune, 17 *bis* (Rhône).

1909 GEREST, Casimir, cours Fauriel, 34, Saint-Etienne (Loire).
1898 GERIN, Joseph, S. V., boulevard de la Croix-Rousse, 42, Lyon.
1877 GIGODOT, Jean, S. V., industriel, Les Hauts-Fourneaux, Villebois (Ain).
1860 GILLET, Joseph, S. P., industriel, quai de Serin, 10, Lyon.
1882 GILLIER, Claudius, S. P., Saint-Julien-Molin-Molette (Loire).
1883 GILLIER, Eugène, S. V., Saint-Julien-Molin-Molette (Loire).
1894 GINESTOU, Ernest, rue Colbert, 16, Marseille.
1915 GINOT, Louis, S. V., place Marengo, 19, Saint-Etienne (Loire).
1869 GIRARDON, Pierre, S. P., avocat, Vincinti, par Crest (Drôme).
1882 GIRARDON, Louis, S. P., colonel commandant la 6e brigade d'infanterie, Beauvais (Oise).
1919 GIRAUD, André, Buxy (Saône-et-Loire).
1906 GIRAUD, Barthélemy, docteur, rue du Prieuré, Annonay (Ardèche).
1870 GIRERD, Emmanuel, fabricant d'ornements d'église, rue Pizay, 3, Lyon.
1872 GIRERD, Louis, fabricant d'ornements d'église. rue Pizay, 3, Lyon.
1897 GIRERD, Alfred, S. P., cours de la Liberté, 49, Lyon.
1898 GIRERD, Alexandre, quai Saint-Vincent, 33, Lyon.
1878 GIRIN, Victor, S. V., ancien président du Tribunal de commerce, rue de la Madeleine, 22, Tarare (Rhône).
1909 GIRIN, Melchior, S. V., rue de la Madeleine, 22, Tarare (Rhône).
1915 GIRIN, Gaston, S. V., rue de la Madeleine, 22, Tarare (Rhône).
1877 GIRON, Etienne, négociant, rue d'Arcole, 2, Saint-Etienne (Loire).
1879 GIRON, Jean-Jacques, négociant, rue d'Arcole, 2, Saint-Etienne (Loire).
1870 GLÉNARD, Benoît, S. V., La Roche, Châtillon-d'Azergues (Rhône).
1897 GLÉNARD, Roger, docteur en médecine, boulevard de Courcelles, Paris, et boulevard des Etats-Unis, 3, Vichy (Allier).
1902 GLÉNARD, Jean, S. V., rue Grenette, 11, Lyon.
1880 GODINOT, Léon, S. V., ingénieur, rue Sala, 5, Lyon.
1901 GONIN, Claudius, S. V., Saint-Paul-en-Jarez (Loire).
1895 GONTIER, Paul, avocat, Aubenas (Ardèche).
1906 GORSE, Lucien, place Jules-Ferry, 1, Lyon.
1879 GOSSELIN, Charles, cours Morand, 21, Lyon.
1906 GOSSELIN, Hugues, S V., cours Morand, 21, Lyon.
1902 GOUNOT, Emmanuel, avocat, rue Saint-Etienne, 4, Lyon.
1868 GOURD, Alphonse, député, place Bellecour, 34, Lyon.
1874 GOURD, Henri, S. V., président de la Chambre de Commerce Française Saint-William Street, 37, New-York, et place Bellecour, 34, Lyon.
1893 GOUTEL, Maurice, avocat, rue Servient, 6 Lyon.
1902 GOUTTEBARON, Eugène, rue des Tanneries, Roanne (Loire).
1895 GRAGLIA, Pierre, docteur, S. V., rue Halévy, 16, Nice.
1918 GRANGE, Jean, S. V., quai du Château, 7, Givors (Rhône).
1903 GRIMAUD, Gaston, S. V., Annonay (Ardèche).
1897 GROS, Lucien, S. V., rue du Mont-Thabor, 6, Paris.
1892 GUÉRIN, Louis, S. V., rue Puits-Gaillot, 31, Lyon.
1894 GUÉRIN, Charles, S. V., rue Puits-Gaillot, 31, Lyon.
1897 GUÉRIN, Henri, S. V., Rajat, par Saint-Pierre-de-Chandieu (Isère).
1903 GUERRY, Etienne, S. V., rue Brison, 5, Roanne (Loire).
1908 GUILLERME, Benoît, rue de Lyon, 24, Rive-de-Gier (Loire).
1877 GUILLET Baptistin, rue Garibaldi, Chambéry.
1892 GUINAND, Pierre, S. V., contrôleur de l'armée, rue Saint-Jacques, 167, Paris.
1887 GUINARD, Joseph, fabricant de rubans, rue de la Bourse, 6, Saint-Etienne (Loire).
1874 GUINET, Jacques, quai de Serbie, 12, Lyon.
1883 DE L'HARPE, Antoine, S. V., fabricant de soieries, Mionnay (Ain).
1895 HAUCER, Jean-Victor, S. V., docteur en médecine, cours Pierre-Puget, 43, Marseille.
1901 HUGUES, Henri, S. V., avocat, rue Carnot, 39, Gap (Hautes-Alpes).
1905 HYGONET, Jean, S. V., boulevard Desmarais, Montélimar (Drôme).
1903 HYVERT, Georges, S. V., chez M. Ditor, rue Burdeau, 39, Lyon.
1908 IMBARD, Charles, substitut du procureur de la République, Annecy (Haute-Savoie).
1861 IMBERT, Louis, S. P., négociant, rue Sala, 5, Lyon.
1888 IMBERT, Louis, S. V., constructeur, Rive-de-Gier (Loire).
1919 IMBERT, Camille, S. V., Le Rozeil, Rive-de-Gier (Loire).
1895 JAILLET, Marc, avocat, rue Baudin, 18, Paris.
1906 JANORAY, Jean, S. V., rue Victorien-Sardou, 28, Lyon.
1902 JAPIOT, Paul, S. V., docteur en médecine, rue Boissac, 2, Lyon.
1888 JARROSSON, Albert, S. V., avenue de Noailles, 32, Lyon.
1873 JEANTET, Félix, homme de lettres, rue du Pré, 31, Saint-Claude (Jura), et rue La Fontaine, 35 *bis*, Paris.

1883 JOATTON, Joseph, inspecteur d'assurances, boulevard de la Croix-Rousse, 36, Lyon.
1916 JOATTON, Charles, boulevard de la Croix-Rousse, 36, Lyon.
1918 JOATTON, Raymond, boulevard de la Croix-Rousse, 36, Lyon.
1878 JOULIE, Marius, villa Gotte, Juan-lès-Pins.
1864 JOURNOUD, Jean-Baptiste, S. V., place Ampère, 7, Lyon.
1879 JUMELIN, Joannès, S. V., rue Haxo, 7, Marseille.
1898 JURY, Elie, rue de la Réclusière, 26, Saint-Chamond (Loire).
1909 JURY, Ennemond, S. V., Chonas, par Revantin-Vaugris (Isère).
1872 JUSSERAND, Jules, S. V., ambassadeur de France, à Washington (Etats-Unis).
1883 LACOMBE, Germain, S. V., Bagnols-sur-Cèze (Gard).
1900 LA FAY, Georges de, château de la Serve, Romenay (Saône-et-Loire).
1875 LA FAY, Henri de, Saint-Sorlin, par Lagnieu (Ain).
1898 LAFFAY, Jacques, S. V., boulevard Gambetta, 5, Montbrison (Loire).
1866 LALOUETTE, Victor, S. P., place Bellecour, 2, Lyon.
1902 LANEYRIE, Gabriel, rue Tête-d'Or, 1, Lyon.
1918 LANEYRIE, Henri, S. V., Charolles (Saône-et-Loire).
1892 LAPRA, Paul, quai des Brotteaux, 16, Lyon.
1882 LAPRÉVOTE, Claude, produits chimiques, Saint-Fons (Rhône), et rue de l'Abbaye-d'Ainay, 12, Lyon.
1904 LAPROYE, Louis, compagnie marseillaise de Madagascar, rue Grignan, 49, Marseille.
1889 LASSALE, Pierre, quai de la Pêcherie, 9, Lyon.
1917 LAURENT, Jean, élève à l'Ecole polytechnique, Sainte-Foy-l'Argentière (Rhône).
1907 LAVAL, Paul, place de l'Etoile, 2, Grenoble.
1891 LEFÈVRE, Jules, notaire, Crémieu (Isère).
1904 LÉPINE, Jacques, S. V., quai Saint-Vincent, 43, Lyon.
1904 LEPLANT, Marcel, rue Fénelon, 11, Lyon.
1916 LITTOZ, André, S. V., La Roseraie, avenue Parmelan, Annecy (Haute-Savoie).
1898 LOMBARD-GERIN, Octave, S. V., avenue de Saxe, 176, Lyon.
1899 LOMBARD-GERIN, Gabriel, S. V., boulevard de la Croix-Rousse, 90, Lyon.
1905 LOMBARD-GERIN, Henry, S. V., boulevard de la Croix-Rousse, 90, Lyon.
1900 LOMBARD-GERIN, Léon, S. V., rue Bony, 3, Lyon.
1902 LOMBARD-GÉRIN, Pierre, S. V., boulevard de la Croix-Rousse, 90, Lyon.
1873 LYONNET, Charles, rue de Bonnel, 19, Lyon.
1884 LYONNET, Barthélemy, médecin des hôpitaux, rue de la République, 37, Lyon.

1875 MADINIER, Paul, docteur en médecine, rue de Trion, 32, Lyon.
1908 MADINIER, Jean, S. V., rue de Trion, 32, Lyon.
1864 DE MAGNEVAL, Gabriel, S. P., associé d'agent de change, rue Cléberg, 11, Lyon.
1864 MANHÈS, Louis, S. P., ancien bâtonnier de l'Ordre des avocats, rue Sala, 25, Lyon.
1902 MANHÈS, Laurent, S. V., rue de la Martinière, 1, Lyon.
1901 MARCONNET, Marius, S. V., docteur en médecine, rue de la République, 88, Saint-Chamond (Loire).
1885 MARGAND, Jean, S. V., Saint-Victor-sur-Morestel (Isère).
1883 MARGOT-DUCLOT, Alexis.
1880 MARNAS, Charles, S. V., rue Garibaldi, 3, Lyon.
1877 MARNAS, Monseigneur, S. P., évêque de Clermont.
1878 MARREL, Henri, S. P., Le Mouillon, Rive-de-Gier (Loire).
1893 DE MARS, abbé Alfred, château de Pierregrosse, Saint-Albandé (Ardèche).
1892 MARSAUT, Louis, S. V., rue Auguste, 6, Nimes.
1863 MARTIN (Albert), S. P., fabricant de soieries, rue Chazière, 75, Lyon.
1896 MARTIN, Charles, ingénieur, boulevard Saint-Germain, 201, Paris.
1899 MARTIN, Emile, S. V., rue du Bât-d'Argent, 10, Lyon.
1906 MARTIN, Camille, S. V., rue Chazière, 75, Lyon.
1915 MARTIN, Louis, rue Masséna, 90, Lyon.
1913 MARTIN, Paul, rue Masséna, 90, Lyon.
1915 MARTIN, Louis, S. V., quai Saint-Vincent, 22, Lyon.
1916 MARTIN, Henri, S. V., place d'armes, 9 *bis*, Bourgoin (Isère).
1893 MARTINIE, Maurice, dit Fernand, rue Tête-d'Or, 33, Lyon.
1909 MARZE, Gabriel, S. V., rue du Mont-Thabor, 38, Paris.
1896 MATHIEU, Joseph, S. V., notaire, Villeurbanne (Rhône).
1909 MAUREAU, Jean, S.V., avenue Jean-Jaurès, 284, Lyon.
1900 MAURER, Marius, S. V., notaire, Boën-sur-Lignon (Loire).
1915 MAURIN, Jean, Matour (Saône-et-Loire).
1862 MAUVERNAY, Léon, S. P., ancien avoué, place Morand, 2, Lyon.
1897 MÈGE, Gustave, S. V., rue de Sèze, 25, Lyon.
1901 MÉGEMOND, Emile, rue Victor-Hugo, 58, Lyon.
1917 MÉHU, Joseph, S. V., rue Victor-Hugo, 16, Lyon.
1895 MÉNARD, Gaston, Saint-Galmier (Loire).
1913 MENUT, Henri, S. V., Saint-Georges (Rhône).
1899 MERCIER, Pierre, S. V., Lyon.
1899 MICHEL, Prosper, S. V., rue Gambetta, 21, Saint-Etienne (Loire).

1912 MISERY, Georges, S. V., boulevard de la République, Annonay (Ardèche).
1881 MISSOL, Eugène, rue de l'Annonciade, 30, Lyon.
1888 MIZGIER, Stanislas, S. V., rue d'Angleterre, 2, Nice.
1883 MOLLE, Auguste, notaire, Aubenas (Ardèche).
1916 MOLLIN, Ambroise, industriel, cours de la Liberté, 21, Lyon.
1912 MONCHANIN, Philibert, Marcigny (Saône-et-Loire).
1902 MONCORGÉ, Paul, S. V., Trévoux (Ain).
1883 MONIN, Frédéric, docteur en médecine, Saint-Genis-Laval (Rhône).
1907 MONTANGE, Jean, S. V., docteur en médecine, Belleville-sur-Saône (Rhône).
1909 MONTANT, Jean, S. V., rue Duhamel, 10, Lyon.
1895 MONTEILHET, Antonin, S. V., ingénieur, boulevard Richard-Lenoir, 90, Paris.
1874 MORAND, Georges, château de Boissieu, par Ceyzérieu (Ain).
1871 MORAND DE JOUFFREY, comte Gustave, S. V., château de Machy, Chasselay (Rhône).
1884 MOREL (Claude), S. V., Grand Hôtel Masséna, Nice.
1898 MOREL, Claude, rue Victor-Hugo, 8, Lyon.
1898 MOREL, Paul, docteur en médecine, rue de la République, 45, Tarare (Rhône).
1904 MOREL, Jean, S. V., Les Tilleuls, Amplepuis (Rhône).
1898 MORO, Henri, S. V., quai Claude-Bernard, 23, Lyon.
1906 MOUCOT, Albert, S. V., montée de Lodi, 56, Marseille.
1911 MOUCOT, Paul, Caluire (Rhône).
1878 MOUISSET, Frédéric, S. P., docteur en médecine, place des Jacobins, 1, Lyon.
1876 MOUISSET, Joseph, S. P., rue Sainte-Clotilde, 7, Lyon.
1887 MOUISSET, Georges, négociant en vins, quai des Brotteaux, 22, Lyon.
1888 MOYAT, Joseph, S. V., propriétaire, Beaune (Côte-d'Or).
1882 MOYNE, Victor, S. P., notaire, rue Laffite, 7, Paris.
1891 MOYRAND, André, rue Logelbach, 4, Paris.
1896 MOYRAND, Henry, docteur en médecine, boulevard Béranger, 1, Tours.
1893 MOYRAND, Maurice, lieutenant-colonel, professeur à l'école de guerre, rue de l'Université, 219, Paris.
1901 MOYRAND, Pierre, S. V., rue Marcel-Benoit, 2, Grenoble.
1903 MUGGIANI, Paul, S. V., rue Désirée, 14, Lyon.
1886 NÉRON, Edouard, député, Le Flachat, Monistrol-sur-Loire (Haute-Loire), et boulevard Lefèvre, 35, Paris.
1906 NÉRON-BANCEL, Pierre, S. V., boulevard des des Belges, 15, Lyon.
1907 NÉRON-BANCEL, Roger, S. V., château de Martinas, par Monistrol (Haute-Loire).
1913 NIGAY, Jean, S. V., Feurs (Loire).
1918 NIGAY, Félix, S. V., Feurs (Loire).
1854 OGIER, Claude-Edouard, S. V., industriel, Le Colombier, Voiron (Isère).
1907 PALAYER, Emile, S. V., Saint-Péray (Ardèche).
1894 PALLUY, Georges, rue Montgolfier, 14, Lyon.
1916 PAQUIER-DESVIGNES, Claude, S. V., Saint-Lager (Rhône).
1918 PAQUIER-DESVIGNES, André, S. V., Saint-Lager (Rhône).
1901 PARADIS, Pierre, rue des Remparts-d'Ainay, 11, Lyon.
1896 PASQUET, René, rue Malesherbes, 8, Lyon.
1892 PATRICOT, Lucien, S. V., greffier du tribunal civil, Bourgoin (Isère).
1903 PAYEN, Charles, place d'Helvétie, 7, Lyon.
1905 PEILLON, André, S. V., place Puvis-de-Chavannes, 2, Lyon.
1900 PÉLISSIER, Pierre, square, du Gigot, 5, Aix-les-Bains.
1903 PÉLISSIER, François, S. V., rue Fantin-Latour, 2, Grenoble.
1903 PÉLISSIER, Rémy, S. V., rue Fantin-Latour, 2, Grenoble.
1916 PERRAT, Charles, S. V., rue Joséphin-Soulary, 40, Lyon.
1910 PERRIER, Gabriel, route de Saint-Bel, 14 *bis*, Tassin (Rhône).
1912 PERRIER, Pierre, route de Saint-Bel, 14 *bis*, Tassin (Rhône).
1919 PERRIER, Robert, route de Saint-Bel, 14 *bis*, Tassin (Rhône).
1872 PERRIN D'AGNEL, Gabriel, Le Gas du Vallon, quartier Croix-Verte, Aix-en-Provence.
1898 PERRIOLLAT, Stéphane, cours Morand, 25, Lyon.
1917 PETIT, Eugène, S. V., rue Molière, 10, Lyon.
1902 PIATON, René, S. V., rue de la Bourse, 49, Lyon.
1891 PICATTIER, Eugène, S. V., juge au tribunal civil, rue Servient, 39, Lyon.
1890 PIERRON, Paul, S. V., ingénieur, rue d'Algérie, 1, Lyon.
1908 PLANCHE, Louis, S. V., industriel, L'Arbresle (Rhône).
1919 PLANÈS, André, Uzès (Gard).
1897 POIZAT, Etienne, S. V., avenue Gambetta, Tassin-la-Demi-Lune (Rhône).
1902 POIZAT, Henri, S. P., industriel, Cours (Rhône).
1875 PORTE, Léon, S. V., rue Saint-Hélène, 21, Lyon.
1884 PORTE, Albert, S. V., notaire, rue Constantine, 3, Lyon.
1889 PORTE, Louis, S. V., directeur de la Banque Privée, rue de l'Université, 12, Paris.
1918 POSTEL, Pierre, boulevard des Belges, 67, Lyon.

1870 De Prandières, René, S. P., ingénieur, rue Duquesne, 2, Lyon.
1873 De Prandières, Georges, S. V., cours Sénozan, 22, Voiron (Isère).
1912 De Prandières, Maurice, rue Saint-Guillaume, 29, Paris.
1915 Puig, René, Milla (Pyrénées-Orientales).
1918 Puy, Jules, rue Président-Carnot, 2, Grenoble (Isère).
1897 Quantin, Joseph, notaire, Genas (Isère).
1904 Rabatel, Georges, quai de la République, 11, Grenoble.
1880 Rambaud, Henri), S. P., joaillier, quai Saint-Antoine, 11, Lyon.
1881 Rambaud, abbé Antoine, S. P., curé du Saint-Sacrement, rue Etienne-Dolet, 12, Lyon.
1906 Rambaud, Michel, S. V., rue Bossuet, 14, Lyon.
1909 Rambaud, Félix, S. V., avenue de la Bibliothèque, 1, Lyon.
1871 Ramel, Eugène, S. P., quai Saint-Vincent, 26, Lyon, et Lentilly (Rhône).
1883 Ramel, Jean, avenue de la Gare, 21, Antibes.
1902 Ramel, Marcel, maison Giron frères, place Tolozan, 20, Lyon.
1907 Ramel, Jean, quai Saint-Vincent, 26, Lyon.
1907 Ranveau, Hippolyte, commissaire priseur, rue Thiers, 130, Troyes (Aube).
1903 Ravier, Théodore, notaire, rue Montebello, 1, Lyon.
1907 Rebattu, Edouard, S. V., Barcelonnette (Basses-Alpes).
1885 Reboux, Joseph, S. V., fabricant de soieries, quai de Retz, 2, Lyon.
1919 Reboux, Alexandre, S. V., quai de Retz, 2, Lyon.
1919 Reboux, Louis, S. V., quai de Retz, 2, Lyon.
1891 Regaud, Francisque, avocat, député du Rhône, rue Grenette, 31, Lyon.
1893 Régaud, Romain, rue de la Martinière, 24, Lyon.
1911 Reynaud, Antonin, S. V., rue Francis-de-Pressensé, 104, Villeurbanne (Rhône).
1871 Repoux, Charles, La Comelle, par Saint-Léger-sous-Beuvray (Saône-et-Loire).
1884 Revol, Gustave, S. V., Saint-Uze (Drôme).
1876 Rey-Herme, Casimir, S. V., ingénieur, rue de la Préfecture, 7, Saint-Etienne (Loire).
1912 Reynaud, Jacques, S. V., rue de la Claire, 44, Lyon.
1901 Reynier, Louis, S. V., cours Saint-André, 44, Grenoble.
1909 Reynier, Séverin, S. V., avenue Alsace-Lorraine, 40, Grenoble.
1883 Ribiollet, Léon, Crédit Lyonnais, Vienne.
1915 Riboud, Léon, grande rue de Cuire, 84, Lyon.
1861 Richard, général Fleury, S. P., Mépieu, par Montalieu-Vercieu (Isère).
1865 Richard, Ernest, S. P., professeur à la Faculté libre de droit, chemin de Saint-Irénée, 57, Sainte-Foy-lès-Lyon.
1909 Richard, Léon, quai d'Occident, 2, Lyon.
1910 Rieunier, Yves, Cité Foule, 23, Nîmes.
1902 Rigollier, Ennemond, S. V., rue de la République, 4, Lyon.
1890 Rioufol, Maxime, avocat, cours Victor-Hugo, 27, Saint-Etienne.
1896 Rivat, Louis, S. V., industriel, boulevard Arago, 97, Paris.
1853 Robin, Auguste, banquier, rue Sainte-Hélène, 30, Lyon.
1916 Robin, Antonin, Saint-Bonnet-de-Joux (Saône-et-Loire).
1918 Robin, Gabriel, Saint-Bonnet-de-Joux (Saône-et-Loire).
1908 Roche, Edouard, Huileries Saint-Henri, Salon (Bouches-du-Rhône).
1887 Roche, Francisque, quai Saint-Vincent, 25, Lyon.
1879 Rocher, Fernand, S. V., La Côte-Saint-André (Isère).
1916 Roffat, Jean, Sainte-Foy-l'Argentière (Rhône)
1874 Rostaing, Henri, Mont-Breton, par Chanaz (Isère).
1907 Roubaud, Louis, S. V., Saint-Haon-le-Châtel (Loire).
1898 Rousseau, Georges, S. V., industriel, quai des Brotteaux, 31, Lyon.
1909 Rousseau, Charles, S. V., chemin de Rillieux, Cuire (Rhône).
1898 Rousset, Charles, La Gourgasse, par Béziers (Hérault).
1894 Rousset, Paul, S. V., notaire, Cours (Rhône).
1882 Roux, Ferdinand, S. P.
1913 Ruas, Roger, S. V., place du Chapeau-Rouge, Montélimar (Drôme).
1876 Ruaut, Camille, Le Martret, par Ciry-le-Noble (Saône-et-Loire).
1906 Sabran, Jean, avenue de Noailles, 2, Lyon.
1898 Sandier, Stéphane, greffier au tribunal, Montbrison (Loire).
1874 Sanlaville, Paul-Gabriel, rue de la République, 37, Lyon.
1918 Sanoner, Jean, S. V., rue Sainte-Hélène, 29, Lyon.
1883 Sanoner, Vincent, S. V., rue de l'Hôtel-de-Ville, 87, Lyon.
1920 Sanoner, Marc, S. V., rue Sainte-Hélène, 29, Lyon.
1857 Sauzet, Paul, S. P., place de la Charité, 11, Lyon.
1921 Sayn, Gilbert, Montvendre (Drôme).
1906 Seguin, Gonzague, S. V., château du Colombier, par Annonay (Ardèche).
1910 Seguin, Roger, S. V., château du Colombier, par Annonay (Ardèche).
1898 Séjalon, Edouard, S. V., rue de Grenelle, 170, Paris.

1891 SÉROL, abbé Maurice, S. V., place Saint-Jean, 5, Lyon.
1894 SÉROL, Albert, avocat, rue Gambetta, 6, Roanne (Loire).
1915 DE SIGOYER, Martial, S.V., rue de Turenne, 92, Paris (IIIe).
1875 SILLAN, Joseph, S. V., rue Saint-Jacques, 69, Marseille.
1916 SILVIN, Charles, rue de l'Hôtel-de-Ville, 70, Lyon.
1918 SILVIN, Georges, rue de l'Hôtel-de-Ville, 70, Lyon.
1907 SIMONNET, Emile-René, S. V., chemin Feuillat, 6 *bis*, Lyon.
1869 SORDET, André, S. V., général commandant la 5e brigade de dragons, avenue Daumesnil, 43, Saint-Mandé (Seine).
1897 SORNAY, Abel, S. V., Milly-Lamartine, près Mâcon (Saône-et-Loire).
1917 STREICHENBERGER, Antonius, S. V., rue Alphonse-Fochier, 2, Lyon.
1919 TAFFE, Lucien, rue Grignan, 37, Marseille.
1894 TAILLAN, Auguste, S. V., rue Alsace-Lorraine, 13, Cette (Hérault).
1897 TAILLAN, Maurice, S. V., Villa Saint-Pierre, rue Paraussane, 48, Cette (Hérault), et avenue Henri-Martin, 19, Paris.
1895 TAPISSIER, René, S. V., boulevard Péreire, 27, Paris.
1880 TAPISSIER, Edmond, rue Ribéra, 4, Paris-Auteuil.
1874 TARDY, Joseph, cours Morand, 30, Lyon.
1870 TARDY, Maurice, cours Morand, 30, Lyon.
1899 TARDY, Stéphane, place du Griffon, 3, Lyon.
1865 TEILLARD, Etienne, S. P., rue de la République, 68, Lyon.
1895 TEILLARD, Joseph, rue de la Charité, 17, Lyon.
1903 TERLE, Julien, S. V., rue Saint-Gilles, 8, Le Puy (Haute-Loire).
1918 TERRAIL, Pierre, S. V., rue de Bonnel, 7, Lyon.
1886 TERRAS, Antoine, Ahmed, Saïd, Créteville (Tunisie).
1888 TERRAS, Eugène, Zarzuni, la Manouba (Tunisie).
1914 THÉVENIN, Henri, S. V., quai Saint-Clair, 8, Lyon.
1906 THIBAUDIER, Louis, S. V., Millery (Rhône).
1876 THIVEL, Paul, S. P., boulevard Malesherbes, 35, Paris.
1909 THIVEL, Emile, S. V., boulevard Commandant-Thivel, 2, Tarare (Rhône).
1914 THOMAS, Alexandre, grande rue de Cuire, 19, Lyon.
1919 THOMAS, Joseph, Taulignan (Drôme).
1895 THORRAND, Paul, S. V., Palais de l'Industrie, Nice.
1913 TOURNASSUS, Jean, S. V., rue Franklin, 48, Lyon.
1901 TRAVERSE, Paul, S. V., rue Marietton, 6, Lyon.
1887 TRÉMEAU, Robert, industriel, quai Jean-Jaurès, 2, Vienne (Isère).
1876 TRESCA, Georges, S. P., négociant, avenue de Noailles, 17, Lyon.
1896 TROULLIEUR, Gaston, S. V., rue Poiret, 12, Alger.
1899 TROULLIEUR, Michel, docteur en médecine, quai Jayr, 46, Lyon.
1878 TRUCHOT, Jean, rue Tronchet, 18, Lyon.
1894 TURCAN, Joseph, Sisteron.
1864 VADON, Camille, S. P., château de la Grange-Jobin, Charlieu (Loire).
1895 VADON, Albert, S. P., château de la Grange-Jobin, Charlieu (Loire).
1903 VADON, Marcel, S. V., Charlieu (Loire).
1896 VALFONS, comte Ernest de, S. V., rue de la Couronne, 4, Nîmes.
1872 VALLAS, Louis, S. V., doyen honoraire à la Faculté de droit de Lille, rue de la Barre, 90, Lille.
1878 VALLAS, Maurice, S. V., professeur à la Faculté de médecine, chirurgien major des hospices civils, rue Auguste-Comte, 2, Lyon.
1874 VALLON, Antonin, villa Vallon, rue du Coppet, Nice.
1872 DE VAUGELET, Félix, S. V., rue Chabot, 65, Charny, Dijon.
1896 VEILLON, Jean, S. V., vice-président du Conseil de Préfecture, Nice.
1871 VAZELHES, baron Etienne de, château de Grézieu-le-Fromental, par Montbrison (Loire).
1920 VERCHÈRE, Maurice, S. V., quai Jules-Chagot, Montceau-les-Mines.
1912 VERMONT, Charles, S. V., Pont-Trambouze (Rhône).
1910 VERMONT, Georges, S. V., quai Tilsitt, 29, Lyon.
1915 VERNEY, Jean, S. V., rue du Jardin-des-Plantes, 4, Lyon.
1919 VÉROTS, Emile, cours Vitton, 28, Lyon.
1891 VERPILLEUX, Paul, S. V., ingénieur, La Valette, Saint-Chamond (Loire).
1909 VERZAT, Robert, S. V., boulevard Bineau, 101, Neuilly, Paris.
1878 VERZIER, Philippe, avoué, place des Cordeliers, 1, Lyon.
1887 VERZIER, Jean, S. V., notaire, rue Lafont, 8, Lyon.
1902 VETTARD, abbé Emmanuel, S. V., vicaire au Bon Pasteur, rue du Bon-Pasteur, 38, Lyon.
1913 VIAL, Joannès, S. V., place Bellecour, 36, Lyon.
1898 VIALATOUX, Joseph, S. V., Vaugneray (Rhône).
1894 VIBERT, Claude, ingénieur, rue Théophile-Gautier, 27, Auteuil.
1897 VIBERT, Paul, S. V., rue Duguesclin, 107, Lyon.

1898 VIBERT, Maurice, S. V., quai Arloing, 28, Lyon.

1900 VIBERT, Marcel, S. V., rue Denfert-Rochereau, 14, Saint-Etienne.

1894 VIDALIN, Ernest, S. V., Chassat, Budelière (Creuse).

1878 VIGNON, abbé Paul, curé d'Ainay, rue Jarente, 4 *bis*, Lyon.

1879 VILLARD, Joannès, S. V., cours Morand, 30, Lyon.

1896 VILLET, Charles, S. V., avenue de Saxe, 143, Lyon.

1894 VINDRIER, Louis.

1894 VINDRIER, Philibert, S. V., rue Pierre-Despierre, Roanne (Loire).

1900 WIES, Louis, S. V., docteur en médecine, Crémieu (Isère).

LISTE GÉNÉRALE

par Classe

DES MEMBRES DE LA SOCIÉTÉ

Arrêtée au 1er mai 1922

1853

ROBIN, Auguste, Lyon.

1854

OGIER, Claude, Voiron.

1857

SAUZET, Paul, Lyon.

1858

DUPASQUIER, François, Saint-Jean-le-Priche.
DUQUAIRE, Aimé, Lyon.

1860

GILLET, Joseph, Lyon.

1861

EYMARD, Gaston, Lyon.
GAUDET, Narcisse, Chatou.
IMBERT, Louis, Lyon.
RICHARD, Fleury, Mépieu.

1862

BOURG, Gontran du, Château-Double.
MAUVERNAY, Léon, Lyon.

1863

MARTIN, Albert, Lyon.

1864

DENOYEL, Antonin, Lyon.
EYMARD, Hugues, Lyon.
JOURNOUD, Jean-Baptiste, Lyon.
MAGNEVAL, Gabriel de, Lyon.
MANHÈS, Louis, Lyon.
VADON, Camille, Charlieu.

1865

DUGUEYT, Henri, Voiron.
RICHARD, Ernest, Lyon.
TEILLARD, Etienne, Lyon.

1866

GIRODON, Alphonse, Lyon.
LALOUETTE, Victor, Lyon.

1867

FESSY, Ennemond, Saint-Etienne.

1868

CHAMP, Gaston de, Lyon.
GOURD, Alphonse, Lyon.

1869

ALLARD, Prosper, Anvers.
ANDRUÉJOL, Gabriel, Paris.
BALAY, Jean, Lyon.
BARLET, Eustache, Saint-Etienne.
GIRARDON, Pierre, Crest.
SORDET, André, Saint-Mandé.

1870

CAMBON, Victor, Paris.
GIRERD, Emmanuel, Lyon.
GLÉNARD, Benoit, Châtillon-d'Azergues.
PRANDIÈRES, René de, Lyon.
TARDY, Maurice, Lyon.

1871

CHAVENT, Henri, Lyon.
DELPHIN, Edmond, Marseille.
FRANC, Alexandre, Lyon.
MORAND DE JOUFFREY, Gustave, Chasselay.
RAMEL, Eugène, Lentilly.
REPOUX, Charles, Saint-Léger-sous-Beuvray.
SOUCHON, Charles, Lyon.
VAZELHES, baron de, Montbrison.

1872

BRET, François, Lyon.
CHAMUSSY, Léon, Lyon.
CHAVENT, Eugène, Paris.
GIRERD, Louis, Lyon.
JUSSERAND, Jules, Washington.
PERRIN D'AGNEL, Gabriel, Aix.
VALLAS, Louis, Lille.
VAUGELET, Félix de, Dijon.

1873

BERTHAUD, Hippolyte, Lyon.
BERTOYE, Emile, Lyon.
BOUTEILLE, Augustin, Lyon.
CHARTRON, Louis, Lyon.
CLARET, Emile, Paris.
FAUGIER, Benoit, Lyon.
JEANTET, Félix, Saint-Claude.
LYONNET, Charles, Lyon.
PRANDIÈRES, Georges de, Voiron.

1874

BROSSET-HECKEL, Maurice, Lyon.
DESCOURNUT, Augustin, Le Canet.
FAURE, Bruno, Montluel.
GOURD, Henri, New-York.
GUINET, Jacques, Lyon.
MORAND, Georges, Ceyzérieu.
ROSTAING, Henri, Chanaz.
SANLAVILLE, Gabriel, Lyon.
TARDY, Joseph, Lyon.
VALLON, Antonin, Nice.

1875

BERTOYE, Georges, Paris.
DAMEZ, Etienne, Lyon.
DEBENEY, Gabriel, Bourg.
DUQUAIRE, Eugène, Lyon.
LAFAY, Henri de, Lagnieu.
MADINIER, Paul, Lyon.
PORTE, Léon, Lyon.
REY-HERME, Casimir, St-Etienne.
SILLAN, Joseph, Marseille.

1876

CHOMEL, Augustin, Lyon.
FRANC, L., Saint-Rambert-en-Bugey.
MOUISSET, Joseph, Lyon.
RUAUT, Camille, Le Martret.
THIVEL, Paul, Paris.
TRESCA, Georges, Lyon.

1877

GALINIER, Edouard, Marseille.
GALINIER, Emile, Marseille.
GIGODOT, Jean, Villebois.
GIRON, Etienne, Saint-Etienne.
GUILLET, Baptistin, Chambéry.
MARNAS, Monseigneur, Clermont.

1878

BERGASSE, Paul, Marseille.
BERTOYE, Henri, Lyon.
GIRIN, Victor, Tarare.
JOULIE, Marius, Juan-lès-Pins
MARREL, Henri, Rive-de-Gier.
MOUISSET, Frédéric, Lyon.
TRUCHOT, Jean, Lyon.
VALLAS, Maurice, Lyon.
VERZIER, Philippe, Lyon.
VIGNON, Paul, Lyon.

1879

Clerc, Joannès, Lyon.
Decouz, baron, Montmélian.
Favre-Gilly, Paul, Grenoble.
Giron, Jean-Jacques, Saint-Etienne.
Gosselin, Charles, Lyon.
Jumelin, Joannès, Marseille.
Rocher, Fernand, La Côte-Saint-André.
Villard, Joannès, Lyon.

1880

Auzépy, Clément, Pont-Saint-Esprit.
Balay, Charles, Passy.
Bondet, Antoine, Lyon.
Convert, Gustave, Oyonnax.
Damour, Henry, Lyon.
Déchelette, Gabriel, Roanne.
Durand Louis, Juliénas.
Favre-Gilly, G., Lons-le-Saunier.
Godinot, Léon, Lyon.
Marnas, Charles, Lyon.
Rambaud, Henri, Lyon.
Tapissier, Edmond, Paris.

1881

Beylier, Charles, Grenoble.
Déchelette, Camille, Roanne.
Missol, Eugène, Lyon.
Rambaud, Antoine, Lyon.

1882

Aynard, Adolphe, Lyon.
Balay, Lucien, Paris.
Breton, Hilaire, Lyon.
Charpin-Feugerolles, Alexis de, Odenas.
Collin-Dufresne, Marcel, Grenoble.
Debeney, Eugène, Paris.
Déchelette, Jean, Roanne.
Déchelette, Joannès, Montagny.
Desplagnes, Marc, Lyon.
Finet, Ludovic, Lyon.
Gillier, Claudius, Saint-Julien-Molin-Molette.
Girardon, Louis, Beauvais.
Laprévote, Claude, Saint-Fons.
Moyne, Victor, Paris.
Roux, Ferdinand, Sommières.

1883

Aulois, Hubert, Paris.
Berthaud, baron Charles, Lyon.
Berthollet, Louis, Paris.
Dubois, Jules, Paris.
Gillier, Eugène, Saint-Julien-Mo-Molette.
Joatton, Joseph, Lyon.
Harpe, Antoine de l', Mionnay.
Lacombe, Germain, Cèze.
Margot-Duclot, Alexis, Vienne.
Molle, Auguste, Aubenas.
Monin, Frédéric, Saint-Genis-Laval.
Ramel, Jean, Antibes.
Ribiollet, Léon, Vienne.
Sanoner, Vincent, Lyon.

1884

Avril, Henri, Chamelet.
De la Baume, Montboucher.
Brosset-Heckel, Edouard, Lyon.
Lyonnet, Barthélemy, Lyon.
Morel, Claude, Nice.
Porte, Albert, Lyon.
Revol, Gustave, Saint-Uze.

1885

Balay, Gabr., Meylieu-Montrond.
Bérenger, Albert, Lyon.
Blanc, Maurice, Paris.
Blesson, Jean de, Marseille.
Déchelette, Maurice, Roanne.
Franc, Gabriel, Tarare.
Margand, Jean, Morestel.
Reboux, Joseph, Lyon.

1886

Brisson, Franck, Lyon.
Chaussat de Montburon, Edouard, Bourg.
Croizat, Albert, Lyon.
Dubost, Joseph, Lyon.
Dumond, Camille, Pont-Saint-Uze.
Néron, Edouard, Monistrol.
Terras, Antoine, Ahmed-Saïd (Tunisie).

1887

Auclair, Joseph, Paris.
Chatelus, Michel, Lyon.
Cuisson, Victor, Saint-Etienne.
Guinard, Joseph, Saint-Etienne.
Mouisset, Georges, Lyon.
Roche, Francisque, Lyon.
Trémeau, Robert, Vienne.
Verzier, Jean, Lyon.

1888

Ancel, Gustave, Lyon.
Billioud, Victor, Lyon.
Chatin, Emile, Moscou.
Conge, Ernest, Cette.
Cuchet, Gabriel, Aubenas.
Damour, Alphonse, Lyon.
Favre-Gilly, Emile, Marseille.
Gaignaire, Paul, Gap.
Imbert, Louis, Rive-de-Gier.
Jarrosson, Albert, Lyon.
Mizgier, Stanislas, Nice.
Moyat, Joseph, Beaune.
Terras, Eugène, Zarsuni (Tunisie).

1889

Bérenger, Camille, Vaugneray.
Bruyas, Guillaume, Lyon.
Damour, Eugène, Lyon.
Dumont, Paul, Lyon.
Fournereau, Delphin, Mornant.
Lassale, Pierre, Lyon.
Porte, Louis, Paris.

1890

Balouzet, Paul, Saint-Etienne.
Béchetoille, Antoine, Lyon.
Bolon, Louis, Saint-Etienne.
Boutry, Charles, Lyon.
Chavent, André, Lyon.
Dugrip, Charles, Cette.
Dugrip, Victor, Cette.
Fayolle, Edouard, Lyon.
Pierron, Paul, Lyon.
Rioufol, Maxime, Saint-Etienne.

1891

Bérenger, Maurice, Livron.
Brye, Clément de, Saint-Ouen.
Chavanne, Fleury, Lyon.
Gas, Gustave, Toulon.
Lefèvre, Jules, Crémieu.
Moyrand, André, Paris.
Picattier, Eugène, Lyon.
Regaud, Francisque, Lyon.
Serol, Maurice, Lyon.
Verpilleux, Paul, Saint-Chamond

1892

Annat, Frédéric, Paris.
Béné, Louis, Lyon.
Blanc, Victor, Grenoble.
Boudot, Henry, Lyon.
Cibaud, Louis, Roanne.
Debilly, Claudius, Chessy-lès-Mines.
Déchelette, Albert, Roanne.
Dutel, Etienne, Lyon.
Favre-Gilly, André, Lyon.
Guinand, Pierre, Paris.
Guérin, Louis, Lyon.
Lapra, Paul, Lyon.
Marsaut, Louis, Nîmes.
Patricot, Lucien, Bourgoin.

1893

Bert, Léon, Clermont-Ferrand.
Chavent, Joseph, Lyon.
Cornu, Alfred, Saint-Laurent-lès-Mâcon.
Feitu, René, Lyon.
Goutel, Maurice, Lyon.
Mars, Alfred de, Saint-Alban.
Martinie, Fernand, Lyon.
Moyrand, Maurice, Paris.
Regaud, Romain, Lyon.

1894

Bréchard, Henri, Roanne.
Civatte, Achille, Paris.
Ginestou, Ernest, Marseille.
Guérin, Charles, Lyon.
Palluy, Georges, Lyon.
Rousset, Paul, Cours.
Sérol, Albert, Roanne.
Taillan, Auguste, Cette.
Turcan, Joseph, Sisteron.
Vibert, Claude, Auteuil.
Vidalin, Ernest, Budelière.
Vindrier, Louis, Roanne.
Vindrier, Philibert, Roanne.

1895

Charamaule, Maurice, Saint-Rémy.
Dorier, Paul, Lyon.
Gaudin, Albert, Millery.
Gontier, Paul, Aubenas.
Graglia, Pierre, Nice.
Hauger, Victor, Marseille.
Jaillet, Marc, Paris.
Ménard, Gaston, Saint-Galmier.
Monteilhet, Antonin, Paris.
Tapissier, René, Paris.
Teillard, Joseph, Lyon.
Thorrand, Paul, Nice.
Vadon, Albert, Charlieu.

1896

Bousquet, Adrien, Marseille.
Brousset, Ernest, Cette.
Chavanne, Joseph, Neuville.
Carron, Nicolas, Lyon.
Cotte, Albert, Lyon.
Drevon, Pierre, Saint-Chamond.
Fessy, Maurice, Saint-Etienne.
Fournereau, Léon, Lyon.
Martin, Charles, Paris.
Mathieu, Joseph, Villeurbanne.
Moyrand, Henri, Tours.
Pasquet, René, Lyon.
Rivat, Louis, Paris.
Troullieur Gaston, Alger.
De Valfons, Ernest, Nîmes.
Veillon, Jean, Alais.
Villet, Charles, Lyon.

1897

Bérenger, Aymard, Lyon.
Bié, Marcel, Lyon.
Bouchet, Claudius, Annecy.
Brossette, Pierre, Lyon.
Cochard, Albert, Paris.
Cotte, Gaston, Lyon.
Damez, Albert, Lyon.
Dubu, Georges, Lyon.
Esprit, Etienne, Grenoble.
Fauré, Claude, Annecy.
Favier, Emile, Lyon.
Fléchet, Gabriel, Lyon.
Frachon, Jean, Annonay.
Girerd, Alfred, Lyon.
Glénard, Roger, Paris.
Gros, Lucien, Paris.
Guérin, Henri, Rajat.
Mège, Gustave, Lyon.
Poizat, Etienne, Tassin.
Quantin, Joseph, Genas.
Sornay, Abel, Milly-Lamartine.
Taillan, Maurice, Paris.
Vibert, Paul, Lyon.

1898

Chatelus, Paul, Lyon.
Crozet, Louis, Chalon.
Déchelette, François, Roanne.
Favre-Gilly, Armand, Tencin.
Frachon, Marcel, Lyon.
Gerin, Joseph, Lyon.
Girerd, Alexandre, Lyon.
Jury, Elie, Saint-Chamond.
Laffay, Jacques, Montbrison.
Lombard-Gerin, Octave, Lyon.
Morel, Paul, Tarare.
Morel, Claude, Lyon.
Moro, Henri, Lyon.
Perriollat, Stéphane, Lyon.
Rousseau, Georges, Lyon.
Rousset, Charles, Béziers.
Sandier, Stéphane, Montbrison.
Séjalon, Edouard, Paris.
Vialatoux, Joseph, Vaugneray.
Vibert, Maurice, Lyon.

1899

Baratier, Charles, Trévoux.
Béguet, Louis, La Palisse.
Clayette, Pierre, Lyon.
Defay, Paul, Roanne.
Dutel, Joseph, Lyon.
Lombard-Gerin, Gabriel, Lyon.
Martin, Emile, Lyon.
Mercier, Pierre, Lyon.
Michel, Prosper, Saint-Etienne.
Tardy, Stéphane, Lyon.
Troullieur, Michel, Lyon.

1900

Blanc, Antoine, Lyon.
Champromis, Marc, Roanne.
Chaunier, Auguste, Lyon.
Cotte, Pierre, Lyon.
Defay, Louis, Lyon.
Descournut, Henri, Lyon.
Drevon, Eugène, Lyon.
Enjolras, Maurice, Lyon.
Fournier, Jean, Annecy.
Lombard-Gerin, Léon, Lyon.
Maurer, Marius, Boën.
Pélissier, Pierre, Aix-les-Bains.
Vibert, Marcel, Lyon.
Wies, Louis, Crémieu.

1901

Canet, Pierre, Lyon.
Charvet, Aimé, Saint-Etienne.
Comte, Henri, Chalon.
Deveraux, Antoine, Lyon.
Favre, Marius, Lyon.
Franc, Victor, Lyon.
Gonin, Claude, Saint-Paul-en-Jarez.
Hugues, Henri, Gap.
Marconnet, Marius, Saint-Chamond.
Mégemond, Emile, Lyon.
Moyrand, Pierre, Grenoble.
Paradis, Pierre, Lyon.
Reynier, Louis, Grenoble.
Traverse, Paul, Lyon.

1902

Chavent, Jacques, Lyon.
Clayette, Jean, Lyon.
Enjolras, Fernand, Lyon.
François, Charles, Lyon.
Glénard, Jean, Lyon.
Gounot, Emmanuel, Lyon.
Gouttebaron, Eugène, Roanne.
Japiot, Paul, Lyon.
Laneyrie, Gabriel, Lyon.
Lombard-Gerin, Pierre, Lyon.
Manhès, Laurent, Lyon.
Moncorgé, René, Trévoux.
Piaton, René, Lyon.
Poizat, Henri, Cours.
Ramel, Marcel, Lyon.
Rigollier, Ennemond, Lyon.
Vettard, Emmanuel, Lyon.

1903

Balleydier, Louis, Lyon.
Béraud, Camille, Clermont.
Bidreman, Léon, Lyon.
Blanc, Marcel, Grenoble.
Bourgogne, Jean, Saint-Uze.
Dumont, Victor, Lyon.
Frachon, Louis, Annonay.
Grimaud, Gaston, Annonay.
Guerry, Etienne, Roanne.
Hyvert, Georges, Lyon.
Muggiani, Paul, Lyon.
Payen, Charles, Lyon.
Pélissier, François, Grenoble.
Pélissier, Rémy, Grenoble.
Ravier, Théodore, Lyon.
Terle, Julien, Le Puy.
Vadon, Marcel, Charlieu.

1904

Andriot, Henri, Lyon.
Bez de Villars, André de, Marseille.
Boutry, Gabriel, La Palisse.
Bernard, Auguste, Lyon.
Cléchet, Jean, Villeurbanne.
Dalin, Jules, Saint-Julien-Molin-Mollette.
Deveraux, Gabriel, Lyon.
Laproye, Louis, Marseille.
Lépine, Jacques, Lyon.
Leplant, Marcel, Lyon.
Morel, Jean-Antoine, Amplepuis.
Rabatel, Georges, Grenoble.

1905

Alirol, Hippolyte, Le Puy.
Bertoye, Paul, Lyon.
Chartron, Etienne, Lyon.
Descharrières, Léon, Lyon.
Fulcrand, P.-L., Mont-Blanc.
Galle, André, Lyon.
Hygonet, Jean, Montélimar.
Lombard-Gerin, Henry, Lyon.
Peillon, André, Lyon.

1906

Biot, René, Lyon.
Blanc, Marcel, Toulon.
Brion, Jean de, Château-Renard.
Chomel, Antonin, Lyon.
Cochard, Claude, Marrakech.
Dorier, Joseph, Lyon.
Dulian, Alexandre, Lyon.
Franc, Henri, Lyon.
Giraud, Barthélemy, Annonay.
Gorse, Lucien, Lyon.
Gosselin, Hugues, Lyon.
Janoray, Jean, Lyon.
Martin, Camille, Lyon.
Moucot, Albert, Marseille.
Néron-Bancel, Pierre, Lyon.
Rambaud, Michel, Lyon.
Sabran, Jean, Lyon.
Séguin, Gonzague, Annonay.
Thibaudier, Louis, Millery.

1907

Cazeneuve, Jean, Lyon.
Colrat, Adolphe, Lyon.
Debeney, Marcel, Lyon.
Dorier, Louis, Lyon.
Duport, Jean, Lyon.
Frachon, Vincent, Lyon.
Franc, Adrien, La Mulatière.
Galland, Jean, Chalon.
Garon, Louis, Vienne.
Laval, Paul, Grenoble.
Montange, Jean, Belleville.
Néron-Bancel, Roger, Martinas.
Palayer, Emile, Saint-Péray.
Ramel, Jean, Lyon.
Ranveau, Hippolyte, Troyes.
Rebattu, Edouard, Barcelonnette.
Roubaud, Louis, Saint-Hâon-le-Châtel.
Simonnet, Emile-René, Lyon.

1908

Guillerme, Benoit, Rive-de-Gier
Imbart, Charles, Lyon.
Madinier, Jean, Lyon.
Planche, Louis, L'Arbresle.
Roche, Edouard, Salon.

1909

De Belsunce, Roger, Marseille.
Blachère, Bernard, Lyon.
Brisson, Francisque, Rouen.
Chaléat, Marcel, Bourg-de-Péage.
Dalin, Gabriel, Lyon.
Favre-Gilly, René, Paris.
Gerest, Casimir, Saint-Etienne.
Girin, Melchior, Tarare.
Jury, Ennemond, Chonas.
Marze, Gabriel, Paris.
Maureau, Jean, Lyon.
Montant, Jean, Lyon.
Rambaud, Félix, Lyon.
Reynier, Séverin, Grenoble.
Richard, Léon, Lyon.
Rousseau, Charles, Cuire.
Thivel, Emile, Tarare.
Verzat, Robert, Neuilly.

1910

Aubert, Léon, Roanne.
Bujadoux, Antoine, Lyon.
Chandon, Jean, Changy.
Dalin, Charles, Lyon.
Perrier, Gabriel, Tassin.
Rieunier, Yves, Nimes.
Séguin, Roger, Annonay.
Vermont, Georges, Lyon.

1911

Chabert, René, Marseille.
Citron, Julien, Genas.
Déchelette, Yves, Lyon.
Moucot, Paul, Caluire.
Reynaud, Antonin, Villeurbanne.

1912

Beau, Barthélemy, Lyon.
Courtinat, Camille, Caluire.
Genton, Emmanuel, Lyon.
Misery, Georges, Annonay.
Monchanin, Philibert, Marcigny.
Perrier, Pierre, Tassin.
Prandières, Maurice de, Paris.
Reynaud, Jacques, Lyon.
Vermont, Charles, Pont-Trambouze.

1913

Arlès, Henri, Montpellier.
Beaupère, Louis, Salornay-sur-Guye.
Belleville, Ambroise, Moutiers.
Brézun, René, Lyon.
Chomel, Paul, Lyon.
Cote, Alexandre, Saint-Etienne.
Cote, Marcel, Saint-Etienne.
Damour, Pierre, Lyon.
Déchelette, Louis, Roanne.
Descombes, Albert, Lyon.
Galland, Louis, Lyon.
Martin, Paul, Lyon.
Menut, Henri, Saint-Georges.
Nigay, Jean, Feurs.
Ruas, Roger, Montélimar.
Tournassus, Jean, Lyon.
Vial, Joannès, Lyon.

1914

Beaupère, Jean, Salornay-sur-Guie.
Bory, Louis, Saint-Etienne.
Clerc, Pierre, Lyon.
Damour, Jean, Lyon.
Duquaire, Victor, Lyon.
Thévenin, Henri, Lyon.
Thomas, Alexandre, Lyon.

1915

Bermes, Marcel, Lyon.
De Boissieu, Henri, Lyon.
De Chansiergues-Ornano, Avignon.
Combet, Auguste, Lyon.
Dutel, Louis, Lyon.
Favel, Louis, Tarare.
Ferroud, Pierre, Lyon.
Des Georges, Jacques, Lyon.
Ginot, Louis, Saint-Etienne.
Girin, Gaston, Tarare.
Martin, Louis, Lyon.
Martin, Louis, Lyon.
Maurin, Jean, Matour.
Puig, René, Millas.
Riboud, Léon, Lyon.
De Sigoyer, Martial, Paris.
Verney, Jean, Lyon.

1916

Ancel, Alfred, Lyon.
Bador, Georges, Saint-Etienne.
Burel, Jean, Lyon.
Combet, Paul, Lyon.
Gérentet de Saluneaux, Gabriel, La Demi-Lune.
Joatton, Charles, Lyon.
Littoz, Jean, Annecy.
Martin, Henri, Bourgoin.
Mollin, Ambroise, Lyon.
Paquier-Desvignes, Claude, Saint-Lager.
Perrat, Charles, Lyon.
Robin, Antonin, Saint-Bonnet-de-Joux.
Roffat, Jean, Saint-Foy.
Silvin, Charles, Lyon.

1917

Alirol, Georges, Le Puy.
Azaïs, Georges, Saint-Pons.
Balme, Louis, Valence.
Berthéas, Jean, Saint-Etienne.
Blanc, Emile, Lyon.
De Boissieu, Georges, Lyon.
Casabianca, Charles, Embrun.
Cochet, Ernest, Lyon.
Convert, Henri, Genève.
Cros, Aimé, Pierre-Bénite.
Cros, Louis, Pierre-Bénite.
Cros, Louis, Pierre-Bénite.
David, Albert, Nantua.
Duchamp, Hubert, Lyon.
Ducroux, Maurice, Charolles.
Ducroux, René, Charolles.
Fougerat, Joseph, Lyon.
Laurent, Jean, Paris.
Méhu, Joseph, Lyon.
Petit, Eugène, Lyon.
Streichenberger, Antonius, Lyon

1918

Blanc, Georges, Lyon.
Brisson, André, Lyon.
Castanier, Léopold, Nîmes.
Castel, Marcel, Grasse.
Dutel, Pierre, Lyon.
Evrard, Jacques, Mirecourt.
Festor, Emile, Lyon.
Flechet, Max, Chazelles.
Grange, Jean, Givors.
Joatton, Reymond, Lyon.
Laneyrie, Henri, Charolles.
Nigay, Félix, Feurs.
Paquier-Desvignes, André, Saint-Lager.
Postel, Pierre, Lyon.
Puy, Jules, Grenoble.
Robin, Gabriel, Saint-Bonnet-de-Joux.
Sanoner, Jean, Lyon.
Silvin, Georges, Lyon.
Taffe, Lucien, Marseille.
Terrail, Pierre, Lyon.

1919

Barbier, Jean, Lyon.
Bertonnier, Henri, Lyon.
De Boissieu, René, Lyon.
De Boissieu, André, Lyon.
Bornand, Louis, Nantua.
Camps, Léon, Perpignan.
Carteron, Pierre, Saint-Etienne.
Chavent, Maurice, Lyon.
De Collongue, Guy, Sathenay.
Convert, Louis, Jasseron.
Damour, Georges, Lyon.
Fléchet, René, Chazelle.
Forest, François, Pernes.
Giraud, André, Buxy.
Imbert, Camille, Rive-de-Gier.
Perrier, Robert, Tassin.
Planès, André, Uzès.
Reboux, Alexandre, Lyon.
Reboux, Louis, Lyon.
Thomas, Joseph, Taulignan.
Verots, Emile, Lyon.

1920

DEVILLE, Pierre, Saint-Etienne.
SANONER, Marc, Lyon.
VERCHÈRE, Maurice, Montceau-les-Mines.

1921

ANCEL, Joseph, Lyon.
SAYN, Gilbert, Montvendre.

AVIS

Messieurs les anciens élèves sont instamment priés de bien vouloir signaler les rectifications qui seraient à apporter aux listes ci-dessus, et d'indiquer, s'ils en ont connaissance, l'adresse des camarades, membres de la société, dont les noms suivent :

1872 CHAVENT François-Eugène.
1902 FRANÇOIS Charles.
1883 MARGOT-DUCLOT Alexis.
1899 MERCIER Pierre.
1882 ROUX Ferdinand.
1894 VINDRIER Louis.

www.ingramcontent.com/pod-product-compliance
Ingram Content Group UK Ltd.
Pitfield, Milton Keynes, MK11 3LW, UK
UKHW022128170726
13837UKWH00003B/1431